A MAGIA DOS GRANDES NEGOCIADORES

Venda produtos, serviços, idéias e você mesmo com muito mais eficácia

A MAGIA DOS GRANDES NEGOCIADORES

Venda produtos, serviços, idéias e você mesmo com muito mais eficácia

5ª edição

Carlos Alberto Júlio

ELSEVIER

CAMPUS

Edição de textos: AF Comunicações
Editoração Eletrônica: Join Bureau
Capa e Projeto gráfico: Mare Magnum Artes Gráficas

Elsevier Editora Ltda.
A Qualidade da Informação
Rua Sete de Setembro, 111 – 16º andar
20050-006 – Rio de Janeiro – RJ – Brasil
Telefone: (21) 3970-9300 – FAX: (21) 2507-1991
E-mail: *info@elsevier.com.br*
Escritório São Paulo:
Rua Quintana, 753 – 8º andar
04569-011 – Brooklin – São Paulo – SP
Telefone: (11) 5051-8555

Inclui bibliografia e filmografia
ISBN13: 978-85-352-1912-8
ISBN10: 85-352-1912-9

CIP-Brasil. Catalogação-Na-Fonte
Sindicato Nacional dos Editores de Livros, RJ.

J89m
Júlio, Carlos Alberto
A magia dos grandes negociadores : Venda produtos, serviços, idéias e você mesmo com muito mais eficácia / Carlos Alberto Júlio. – Rio de Janeiro: Elsevier, 2005. 5ª reimpressão.
Inclui bibliografia
ISBN 85-352-1912-9

1.Vendas. 2. Marketing. 3. Satisfação do cliente. 4. Negociação. I. Título.

05-2576 CDD 658.812
CDU 658.8

Ao meu irmão Izidro Veiga Júlio,
de quem tudo tenho, sem negociar.

Ao meu filho Carlos Alberto Júlio Junior,
que se inicia no
fantástico mundo dos negócios.

Se ainda há alguém que não acredita em trabalho em equipe, aqui vai o meu conselho: escreva um livro.

O exercício de colocar no papel as idéias, conceitos e experiências da vida demanda uma equipe afinada, sinérgica e, acima de tudo, motivada.

Obrigado a Adriana e ao Fernando, da AF Comunicações, ao Marco, da Mare Magnum Artes Gráficas, ao amigo Marcelo Melo, Ana Emília de Oliveira e Cristina Yamagami, da Editora Campus, ao amigo Romeo Bussarello pela ajuda, minha assistente Ana Rose Ferrarezi e a toda a minha equipe da HSM pelo contínuo apoio.

Sumário

Apresentação

Simples e profundo. Estes foram os adjetivos que Carlos Alberto Júlio escolheu, certa vez, ao nos contar de Peter Drucker e da conversa que tiveram em um jantar na casa deste. Pedindo licença a Drucker – sem dúvida, o maior entre os grandes pensadores do *management* –, tomamos emprestado os mesmos adjetivos para nos referirmos ao trabalho de Júlio.

Este livro foi concebido mais ou menos como um curso intensivo, uma vez que Júlio é professor de administração de empresas e palestrante há muitos anos. Bebe em variadas fontes do conhecimento, da Psicologia à História, da Filosofia ao Cinema, já que o autor prega e possui, ele mesmo, uma formação multidisciplinar. E, de certa forma, recorre ao método socrático de aprendizado ao organizar o conteúdo em perguntas e respostas, além de utilizar muitas histórias e fábulas – curiosas, bem-humoradas, sempre repletas de lições.

Mas, se faz a pergunta retórica como professor, Júlio dá a resposta como executivo, graças à experiência acumulada em longa e diversificada carreira, que inclui a presidência da Polaroid do Brasil e, atualmente, o comando do Grupo HSM no País. Assim, o livro é fundamentalmente orientado para a prática e vale por um treinamento empresarial intensivo.

As páginas a seguir se dividem em dez capítulos-aula – o formato inovador faz por merecer o neologismo – que abordam da teoria essencial a valiosas ferramentas de gestão. Ao longo delas você acessa:

- a teoria geral sobre negociação e vendas e os conceitos

- as dez regras de ouro dos bons negociadores

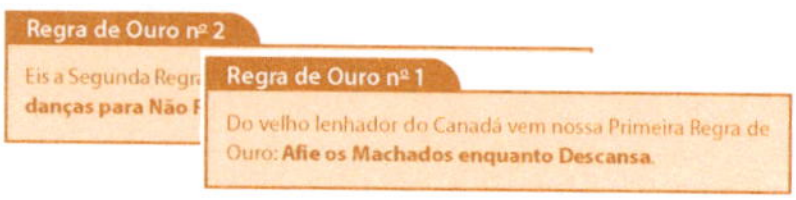

- o convite a uma reflexão sobre sua postura atual

- experiências reais que comprovam as regras de ouro

- recomendações para que você possa colocar em prática os conceitos aprendidos (o "fazejamento", como diz o autor)

- ferramentas de gestão de alta eficácia

Ah, sim! Utilizamos a palavra "acessar" propositalmente. Quisemos, com isso, convidá-lo a ler este livro tanto da maneira convencional quanto como se estivesse navegando na Internet. Esta é uma das formas mais eficientes de incorporar um conteúdo.

Prefácio

Quando olho para minha empresa, tenho pelo menos uma certeza: os vendedores são a energia que a fazem seguir em frente, crescer, melhorar. Se isso vale para uma organização de varejo como é o Magazine Luiza, também se aplica a companhias de outros setores de atividade.

Falo aqui dos vendedores de balcão, daqueles que visitam seus clientes levando consigo as melhores ofertas e também dos que "vendem" no interior das companhias idéias inovadoras capazes de gerar grandes saltos nos lucros. Para tudo isso, o vendedor deve dominar uma ferramenta acima de todas as demais: é imprescindível que ele saiba trocar de papel (*leia os capítulos 6 e 7*) para que faça uma boa negociação.

A prática da negociação está para o mundo das empresas como a linguagem para a vida em sociedade. Uma e outra são utilizadas com extrema naturalidade, no dia-a-dia, o tempo todo, incorporadas que estão ao nosso modo de ser e de se comportar. Em tal medida que às vezes não nos damos conta de sua importância fundamental.

Sem a linguagem, muito do que o ser humano conquistou não seria possível. Sem a prática da negociação, o que conhecemos por comércio, por exemplo, talvez nem existisse.

Desenvolvemos a linguagem nos primeiros anos de vida e quando tomamos consciência de nossa existência já estamos falando pelos cotovelos. Talvez por isso acabamos esquecendo que, para chegar lá, passamos por um duro aprendizado que segue pela vida afora, com maior ou menor grau de estruturação.

Da mesma forma, ainda que a capacidade de negociar corra nas veias de todos, é um aprendizado contínuo e progressivo. Encarada como uma ferramenta essencial, pode e deve ser aperfeiçoada.

É a oportunidade de evoluir nesse campo o que oferece este utilíssimo livro. Em suas páginas, o leitor encontrará um repertório valioso para acrescentar à sua formação profissional. Suas dez "Regras de Ouro" deveriam constituir o DNA de qualquer vendedor ou de quem tenha no relacionamento com pessoas o aspecto central de seu cotidiano.

O leitor poderá aventurar-se em uma jornada para tornar-se um "grande negociador" – jornada esta que, vale dizer, o livro não promete que seja sem obstáculos ou dificuldades, mas que se pode mostrar muito recompensadora quanto ao sucesso no trabalho e na vida pessoal.

Carlos Alberto Júlio sabe muito bem do que é feita a magia que identificamos nos grandes negociadores. O que sempre me marcou em Júlio são os exemplos que ele utiliza da sua história de vida, de quem viveu em um ambiente de pais vendedores, de quem assume que é um vendedor com muito orgulho.

Luiza Helena Rodrigues
Superintendente do Magazine Luiza

Introdução

A primeira pessoa que me chamou de vendedor na vida foi minha mãe. E ela dizia isso com orgulho, me lembro bem. Morávamos, então, na Vila Carioca, perto do bairro do Ipiranga, e o fundo de minha casa dava para uma série de campos de futebol de várzea, entre eles o do "Flor da Vila".

Aos sábados e domingos pela manhã uma quantidade impressionante de pessoas se juntava nas laterais desses campos para assistir aos jogos. Minha mãe, portuguesa mais que refinada na culinária da "santa terrinha" – afinal, havia sido cozinheira de nobre família em Portugal –, fazia uns bolinhos de bacalhau que, até hoje, 20 anos depois de sua morte, ainda me enchem a boca de saudades. A vida estava difícil: meu pai vendera seu negócio no Ipiranga e tentava se reorganizar; o dinheiro era escasso.

Pedi a minha mãe que preparasse os bolinhos para que eu os vendesse nos campos de várzea. Pulava o muro de casa, com a bandeja nos pequenos braços – tinha apenas 7 anos –, e levava os bolinhos ainda quentinhos para os torcedores, que assim podiam beliscar alguma coisa sem perder seus lugares à margem do campo.

Vendia muito. Tanto que, em geral, ficava aguardando minha mãe acabar de fritá-los para sair novamente à cata de clientes. Certo dia, ao verificar que eu já voltava para encher novamente a bandeja e ainda tendo que acabar de prepará-los, ela me disse: "Você é melhor vendedor que eu cozinheira. Você nasceu para os negócios".

Desse dia em diante acho que nunca mais parei de vender. Embora hoje meu cartão de visitas traga o emblemático cargo de Presidente e eu divida meu tempo entre a HSM do Brasil, palestras e a sala de aula, ainda acredito que minha missão principal seja vender. Talvez não venda mais produtos, mas certamente vendo idéias, conhecimento, relacionamento.

Esta não é a profissão mais antiga do mundo, como se sabe, mas está entre as que ocupam a face da Terra há mais tempo. Desde o início da História mercadores vão de um povoado a outro e, agora, de uma extremidade a outra do planeta, levando seus produtos. E, com eles, carregam e espalham também costumes e idéias, muitas delas profundamente transformadoras.

O vendedor é o elemento-chave do ecossistema dos negócios, aquele que faz as coisas acontecerem e, portanto, constitui uma das mais nobres profissões existentes. Ainda mais quando acredita em seu produto, quando crê que vá gerar algo de bom para as pessoas e/ou empresas que atende.

Em outras palavras, o vendedor é o segredo do sucesso de qualquer organização. Peça a líderes empresariais que elejam o departamento que deveria ser o mais dinâmico, forte, produtivo e de menor rotatividade entre todos. Dez entre dez apontarão "vendas", estou certo.

Há, porém, o outro lado da moeda: o preconceito em relação ao vendedor. Era assim na minha época de estudante. Achava-se que quem não conseguia ser advogado, engenheiro, médico, ou se dava mal na profissão escolhida, virava vendedor. E todo profissional de vendas era perseguido pelo estereótipo do caixeiro-viajante, o tipo enrolador, *somebodylove*, papo-dez. Como o Quequé do conto *Pensão Riso da Noite*, de José Condé, levado à telinha por Ney Latorraca na minissérie *Rabo de Saia*, que mantinha três famílias e enganava todo mundo. Lembro-me de ouvir minha então futura sogra perguntar à filha, com um misto de incredulidade e reprovação: "Mas você vai se casar com um vendedor!?!"

Outro estigma: o vendedor é, antes de tudo, um chato. Um dos meus primeiros empregos, com registro em carteira e tudo, foi como vendedor da Editora Bloch. Vendedor de livros. Vendia uma enciclopédia editada pela Bloch, concorrente da famosa Barsa.

Se vender a líder de mercado já era difícil, imagine vender uma das tantas concorrentes. Vendedor de livro era aquele que chegava sem ser chamado, oferecendo algo que você não queria comprar. Falávamos bem, discurso preciso, sabíamos como envolver as crianças na compra, como olhar para as mães, abrir os folhetos e até descrever a imagem da beleza que seria aqueles volumes na estante de televisão da sala. Éramos uns chatos. Insistentes, bons comunicadores, é verdade, mas uns chatos.

Não estou dizendo que vendia algo inútil ou sem qualidade. Nada disso, a Bloch Editores chegou a ter uma das maiores e mais bem montadas gráficas e editoras do País. Mas, o fato é que esse vendedor "intruso" acabou tendo associada a ele a imagem de chato.

A essa altura você deve estar se perguntando por que eu utilizei "negociador" no título deste livro se falo apenas em vendas nesta Introdução. Não por vergonha, em absoluto. Tenho muito orgulho de ser vendedor. A diferença é conceitual: vender é a atividade, negociar é a ferramenta por trás dela, a ferramenta do ponto de vista humano. Ou seja, para tornar-se um grande vendedor, você precisa, obrigatoriamente, saber negociar com pessoas. Este livro pretende funcionar como um caderno de campo bem prático, que o faça dominar a ferramenta da negociação.

O vendedor que defendemos e queremos em nossas organizações é aquele que sabe negociar, conhece seu mercado, assessora o cliente, enfim, é um importante elo da cadeia de valor de qualquer produto ou serviço. Como ser assim se hoje todos os potenciais clientes têm pressa, o atendem em cinco minutos e não se deixam conquistar? Parece impossível, não? Saiba, pois, que existem diferentes técnicas e abordagens para chegar lá. E delas falaremos nestas páginas.

Fruto de anos de experiência, estudos, observação e interações, este livro irá ajudá-lo a se desenvolver e crescer como negociador. Originalmente foi dividido em dez capítulos, cada um dedicado a uma "Regra de Ouro" da negociação. Mas esta nova edição, revista e ampliada, ganhou um Posfácio com três Regras de Diamante, aplicáveis principalmente a vendas de produtos ou serviços, mas que se estendem à venda de idéias e ao marketing pessoal. Essas Regras de Diamante surgiram empiricamente tanto em minhas negociações diárias como nas palestras e aulas em que exploro o tema.

1

Eu não deveria estar trabalhando agora?

Afie os machados:

- cortando mais árvores com menos esforço
- garantindo hoje o sucesso de amanhã
- a questão do tempo
- o aperfeiçoamento pessoal e profissional

Ao iniciar a leitura deste primeiro capítulo, pare um instante e reflita: por que, afinal de contas, você está lendo este livro? Você já pensou na quantidade de profissionais que trabalham durante o dia e estudam à noite? Tentou calcular o tamanho dos investimentos das empresas em programas de treinamento, convenções de vendas e outras iniciativas semelhantes? Por que fazem isso? Para quê? Aonde querem chegar?

A resposta a essas questões se encontra em uma pequena fábula, contada em versões ligeiramente diferentes ao redor do mundo – até mesmo na Internet –, que ficou famosa no livro *Os 7 Hábitos das Pessoas Altamente Eficazes*, do guru Stephen Covey.

Nas montanhas do Canadá, havia um mestre lenhador. Certo dia, ele foi procurado por um rapaz de preparo físico notável, que lhe disse: "Quero aprender a cortar árvores, quero me tornar lenhador como o senhor". O mestre aceitou, de pronto: "Volte amanhã e vou lhe ensinar meu ofício".

Lá pelo terceiro mês de aprendizado, para o espanto do mestre lenhador, o jovem lhe disse: "Aprendi o que tinha de aprender. Já sou um lenhador, um bom lenhador. Na verdade, acho que sou o melhor lenhador do Canadá". Diante do olhar incrédulo do mestre, foi mais longe, lançando-lhe um desafio. "Vamos delimitar duas glebas de terra, com a mesma quantidade de árvores cada, e cortar. Quem primeiro derrubar a última árvore é o mais rápido e, portanto, o melhor", propôs. E assim aconteceu.

No início, o jovem, com mais disposição e uma velocidade incrível, abriu vantagem sobre o mestre. De vez em quando, lançava um olhar para a gleba vizinha e observava intrigado que este fazia pequenas paradas para descansar. "Moleza. Vai ser fácil", pensava consigo.

No entanto, o sol nem havia se posto por completo no horizonte e o mestre derrubava sua última árvore, enquanto o rapaz ainda tinha algumas pela frente. Surpreso, ele correu até o mestre: "Como o senhor cortou mais rápido do que eu!?! É impossível, não consigo entender. Não parei um só minuto e vi que o mestre parava toda hora para descansar!!!".

Então, o lenhador mais velho olhou nos olhos do jovem e lhe transmitiu sua derradeira, e talvez mais importante, lição: "Cada vez que eu parava para descansar, aproveitava para afiar os machados".

Regra de Ouro nº 1

Do velho lenhador do Canadá vem nossa primeira regra de ouro: **Afie os machados enquanto descansa.**

Respondendo à pergunta que lhe fiz no início do capítulo: é por isso que você está lendo meu livro, para afiar seus machados e cortar mais árvores com menor esforço. Na verdade, esse é um dos principais objetivos de qualquer profissional e empresa: obter maior produtividade, alcançar níveis mais altos de competividade.

Sei que se aperfeiçoar continuamente parece algo trabalhoso e cansativo. Embora a necessidade de ganhar produtividade seja premente e amplamente reconhecida, a tendência é que as pessoas mergulhem no trabalho como fez o jovem lenhador e se esqueçam de tomar as medidas necessárias para garantir o mesmo desempenho por um prazo mais longo.

Pressões, problemas e desafios de curto prazo fazem parecer uma temeridade pensar longe, ou em descansar e afiar machados. Não caia na mesma armadilha do jovem lenhador.

Cuidado para a vantagem de hoje não se transformar no atraso de amanhã. A chave é não considerar esse intervalo um luxo e sim uma arma para enfrentar a concorrência desenfreada.

Quem já foi a uma convenção de vendas certamente viu esta cena. Um vendedor respira fundo, faz cara de tédio e comenta com o colega ao lado: "O pessoal não percebe que, enquanto estamos aqui, estamos deixando de vender. É uma total falta de visão, é o fim da picada". A miopia é dele. O que esse vendedor não vê é que a moça sentada no lado oposto, concentrada na palestra, talvez saia dali e na manhã seguinte, na volta ao batente, feche uma venda que superará as expectativas.

Da mesma forma, encontramos inúmeras empresas que se dedicam incansavelmente à produção e a pequenas melhorias em seus processos sem criar as condições para inovações radicais que, estas sim, poderiam lhes garantir significativa vantagem competitiva.

AUTO-AVALIAÇÃO

Você investe em atividades de médio e longo prazos, para desenvolver suas habilidades?

Você se permite momentos de ócio criativo ou acha que isso é perda de tempo?

Como você lida com as pressões do dia-a-dia? Tem a sensação de estar sempre "apagando incêndios"?

Que importância você dá à sua saúde física e mental no planejamento de sua semana?

Como você distribui seu tempo entre trabalho, lazer e relacionamento com família e amigos? Com que freqüência você sacrifica férias e fins de semana em nome do trabalho?

Tempo para criar

O guru Peter Senge apontou certa vez um dos principais males das empresas modernas: "As pessoas simplesmente não têm tempo para fazer coisas que exijam imaginação e paciência, que não produzam resultados imediatos". Em outras palavras, não lhes é dado tempo para afiar os machados.

Para Senge, é preciso perguntar por que isso ocorre. "Não há tempo para 'não fazer nada', relaxar, jogar conversa fora. Com esse modo de pensar mecanicista, vemos tudo isso como momentos improdutivos", diz.

Portanto, a raiz da falta de tempo, na visão de Senge, está no modelo de produtividade dominante, cuja máxima é "todo mundo deve estar produzindo alguma coisa o tempo todo". Não nos permitimos parar para afiar os machados – ou para aprender (*capítulo 4*), para investir na mudança (*capítulo 2*), para analisar o que o cliente realmente quer (*capítulo 3*) e assim por diante. E o triste fato é que isso nos torna menos produtivos a longo prazo.

O profissional e o pessoal

É preciso investir no aperfeiçoamento tanto profissional como pessoal. Sim, o aspecto pessoal também pesa muito. Eu particularmente não conheço profissionais de primeira linha que não sejam também pessoas de primeira linha.

Peço licença para citar novamente Stephen Covey, que tem dado uma importante contribuição ao mundo dos negócios no campo do desenvolvimento pessoal. Ele propõe que as pessoas se dediquem a um processo de auto-renovação em quatro frentes:

- **Física:** cuidados com o corpo e com a saúde.
- **Mental:** inclui leitura, estudo, planejamento e organização.

- **Espiritual:** pode passar pela literatura e pela música, pela prática da meditação ou pela religião, ou ainda pelo contato com a natureza.
- **Social:** baseia-se nos princípios de liderança interpessoal, comunicação empática e cooperação criativa.

Covey destaca que essa renovação faz parte das tarefas que chama de "importantes e não-urgentes"; nessa categoria estão ainda planejamento, lazer e identificação de novas oportunidades. O desafio está em não se deixar arrastar pelas questões "urgentes e importantes", como as crises e trabalhos

A TEORIA, NA PRÁTICA, FUNCIONA

Quando eu era vice-presidente responsável pela área comercial da Voko, empresa que fabrica móveis de escritório, introduzi arquitetos no processo de venda, para oferecer ao cliente mais do que móveis; queria vender planejamento de espaço, ergonomia, decoração de interiores e, acima de tudo, produtividade administrativa.

Na época, nosso produto chegava a ser duas vezes mais caro que o da concorrência. O caminho foi provar que o *layout* do escritório era capaz de influenciar positivamente a produtividade da área administrativa e, conseqüentemente, de toda a empresa e que nosso produto era a melhor solução para isso. Nossos vendedores, portanto, tinham de conhecer um pouco de todos os elementos do escritório, até iluminação, ar-condicionado, cortinas etc.

Essa era a mensagem que tentava passar para minha equipe. A recompensa veio em um sábado de manhã, quando encontrei um vendedor comprando revistas de arquitetura. Isso é afiar os machados enquanto descansa. O resultado da atitude desse vendedor logo apareceu em melhor relacionamento com os clientes e mais pedidos tirados.

"para ontem", ou se desviar pelas "não-importantes", sejam elas urgentes ou não.

Quando se trata do aperfeiçoamento profissional, o campo está aberto e é quase ilimitado. Os machados, neste caso, são suas habilidades, seus conhecimentos, sua capacidade de adaptação aos diferentes ambientes de negócios etc. Vamos tratar disso tudo nos próximos capítulos.

Por fim, vale dizer que, como muitas tarefas na vida, o aperfeiçoamento – pessoal e profissional – exige comprometimento. Assim, voltando mais uma vez à questão proposta no início deste capítulo, arrisco-me a dizer que você só deve continuar a ler este livro se quiser:

FAZEJAMENTO

Tempo é uma palavra-chave. Multiplique seu tempo administrando-o com eficiência.

Por exemplo, comece toda segunda-feira com uma hora dedicada ao planejamento da semana, durante a qual nada poderá interrompê-lo, nem telefonemas, e-mails ou colegas.

Assim, reserve tempo para tarefas que possam garantir seu sucesso no futuro, mesmo que não gerem nenhum resultado imediato. Futuro é outra palavra-chave.

Não deixe de fazer atividades físicas, de preferência diariamente – ou dia sim, dia não.

Tente preservar noites e finais de semana para o lazer e dedique pelo menos 25% de seu tempo total para o convívio social, com família e amigos.

Viaje com alguma freqüência, explore locais desconhecidos, recicle-se.

Cuide da alma, seja pela meditação, música, literatura, contato com a natureza etc.

- Ser mais produtivo.
- Ser mais que um bom negociador e mais que um bom vendedor para seus clientes.
- Conquistar seus clientes e estabelecer com eles relações de longo prazo.
- Ser visto com "consultor" por seus clientes – algo que detalharei adiante.
- Ser a primeira opção de seus clientes em produtos e/ou serviços no setor em que atua.
- Ser um líder em sua empresa.
- Que sua empresa seja líder em seu mercado.
- Mudar.

2

Será que faço tudo errado?

Abra-se para as mudanças:

- uma necessidade real
- os requisitos
- mantendo valores
- usando a curva de reinvenção

Você notou que eu mencionei no capítulo anterior, entre as razões para seguir lendo este livro, a busca de novas abordagens para antigos problemas, a melhoria contínua – enfim, a necessidade de mudar?

Agora, experimente falar em mudança com um profissional que tenha algum tempo de estrada, sucesso e, principalmente, talento. É provável que a reação seja a seguinte: "Mudar por que, se eu já sei o que fazer?" Eis uma frase "romariana". Talvez seja isso que passe pela cabeça do craque do futebol brasileiro Romário: "Treinar para que, se sei o que fazer?" – e, no caso, admite-se, ele sabe, porque faz muitos gols. "Mudar de comportamento por que, se assim cheguei tão longe?"

No entanto, o que aconteceria se Romário, dono de incrível talento, agisse como Pelé, moldando seu condicionamento físico e seu comportamento? Talvez até pudesse superar o Rei do Futebol. Lembremos que a resistência do artilheiro a mudar lhe fez perder pelo menos uma oportunidade de carreira, ao ser vetado pelo técnico Luis Felipe Scolari para a Copa do Mundo de 2002. E o que dizer, então, de Maradona, o grande jogador argentino? Ele não poderia ter obtido ainda maior sucesso, caso ficasse longe de encrencas, mudando de atitude?

Da mesma forma, percebo que muitas pessoas com talento para negociações e vendas acham que não precisam adquirir outras técnicas, treinar novas abordagens, corrigir comportamentos. Muitas vezes, seu sucesso se deve mais aos atributos do produto do que a suas qualidades pessoais, mas esses profissionais nem se dão conta. Eles se julgam bons vendedores e ponto final.

Assim, como no campo esportivo, no universo dos negócios o treinamento é somente um dos meios para mudar. E o ponto de partida é desejar a transformação. Vale a pena, então, refletir um pouco: você está aberto a mudanças? E mais: se você é bom em vendas, será que não poderia ser muito, muito melhor, se tivesse a disposição de mudar?

Regra de Ouro nº 2

Eis a segunda regra de ouro: **Esteja sempre aberto a mudanças para não ficar pelo caminho**.

No ambiente das empresas, vemos com clareza a aplicação dessa regra. Ou melhor, somos testemunhas do que acontece àqueles que não a seguem. Basta analisarmos a história recente de algumas companhias e de líderes que se recusaram a mudar ou não tiveram a consciência da necessidade de fazê-lo.

Para apontar somente casos brasileiros, lembremos da rede de supermercados Paes Mendonça, que já foi o terceiro maior varejista do País nos itens alimentação, higiene e limpeza. E o que dizer do império de Olacyr de Moraes? Não faz muito tempo, ele era considerado o maior plantador de soja do mundo. Temos ainda outros casos, como o do Bamerindus, que já foi o terceiro maior banco privado brasileiro. O que aconteceu com essas organizações? Como é possível que grupos desse porte desapareçam ou tornem-se insignificantes?

Basta analisar esses casos quase trágicos para entender por que a "mudança" é uma das preocupações dominantes do mundo corporativo e, conseqüentemente, do pensamento de *management*. Muitos livros e artigos são escritos sobre como incentivá-la, implementá-la e administrá-la de maneira eficiente.

AUTO-AVALIAÇÃO

Como você reage diante de críticas de seu chefe e de seus colegas?

Com que freqüência você procura saber o que os outros pensam sobre seu trabalho?

Se você é chefe, estimula novas idéias, mesmo que sejam contrárias ao que você pensa?

Quais mudanças importantes, nos campos pessoal e profissional, você iniciou e completou nos últimos três anos?

Você tenta se antecipar às mudanças? Acompanha as inovações do setor em que atua?

O que você gostaria de mudar em você, nas pessoas ao seu redor e na sua empresa?

Um desafio para empresas e profissionais

Citei exemplos de grandes empresas apenas porque são de conhecimento público, mas não é só delas que se exige a disposição de mudar. Os profissionais, tanto em sua relação com a organização a que pertencem como no que diz respeito a suas próprias práticas, devem estar atentos a esse verdadeiro mandamento da modernidade.

A "futuróloga" Faith Popcorn elegeu como um de seus temas prediletos a necessidade de se estar consciente e alerta para aproveitar oportunidades. Ela traduz esse estado de espírito em uma palavra que também é uma sigla: CLICK. Cada letra corresponde a um atributo:

- **C** = *courage* (coragem), para abandonar conceitos tradicionais e reconhecer que as coisas estão mudando.
- **L** = *letting go* (abrir mão), o que significa libertar-se de velhas idéias e desenvolver novas.

- **I** = *insight* (olhar para dentro), uma atitude introspectiva para descobrir o que fazemos bem e o que podemos melhorar.
- **C** = *commitment* (compromisso), que se refere ao compromisso de ser fiel a uma idéia.
- **K** = *know-how*, saber como fazer as coisas.

Essas, sem dúvida, são algumas das características de um profissional que está aberto às mudanças. E, no campo oposto, encontramos aquelas pessoas presas a seus pontos de vista como navios eternamente ancorados em baía de águas calmas. Algumas podem até ter um sofisticado discurso pró-mudanças, mas veladamente defendem uma posição estática. Tais pessoas – sejamos francos – vão ficar pelo caminho, enquanto outras, dispostas a enfrentar mares turbulentos, partirão para descobrir novas terras repletas de oportunidades.

Quando se trata de obstáculos à mudança, um conceito básico que vale conhecer é o gráfico da reação-padrão à mudança. Em geral, a primeira reação é o imobilismo (ou passividade), acompanhado da negação. Em seguida, aparecerão a raiva e a oposição às novas idéias. Esses sentimentos tendem a levar à depressão, que poderá evoluir para a aceitação. Sabendo que essas reações são naturais e vão ocorrer, você estará mais preparado para enfrentá-las (*veja gráfico a seguir*).

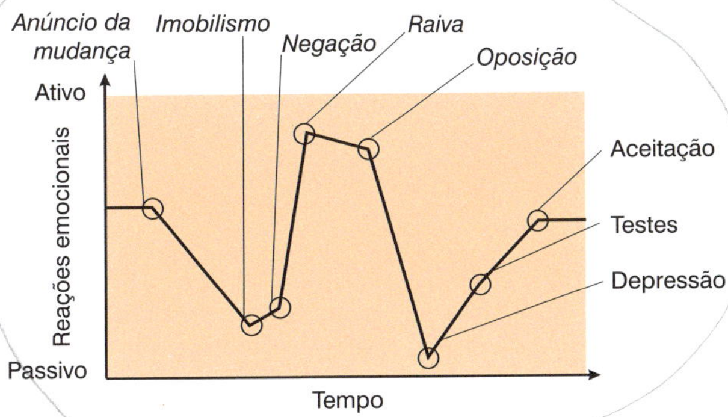

Mas é para mudar mesmo?

Depois de tudo o que eu escrevi, pregando um espírito aberto às mudanças, o título acima bagunçou sua cabeça, certo? Calma, já explico.

É importante ressaltar que se abrir a mudanças não significa, em nenhuma hipótese, aderir ao primeiro modismo que passar pela frente. Afinal, se você for suscetível a qualquer vento, onde ficarão seus valores fundamentais? Nada se constrói sem fundamentos.

Depois que a mudança entrou na ordem do dia, ficou relativamente comum encontrar a seguinte atitude: "Bem, chegou a época de mudar, o negócio é mudar, vamos mudar". Empresas e profissionais que adotam tal postura se esquecem do que deve ser preservado e geralmente não param para se perguntar no que acreditam. Quando se acredita apenas na mudança, não se acredita em nada.

O fundamental, portanto, é ter flexibilidade mental e comportamental para transformar-se sem perder de vista os valores. São eles que nos levarão, ao longo do tempo, a algum lugar, ainda que façamos pequenos ajustes e desvios de rota. Na ausência de valores, nossa trajetória parecerá um grande ziguezague sem destino.

Mudanças realmente significativas se traduzem em novos comportamentos e trazem benefícios diretos ou indiretos para você como profissional, para sua empresa e para seus clientes.

A curva de reinvenção

Nem sempre é fácil reconhecer o momento certo de empreender uma mudança relevante. Em meu livro anterior, *Reinventando Você*, elaborei um modelo de reinvenção profissional a partir do estudo do ciclo de vida das empresas feito pelo acadêmico e consultor Ichak Adizes. Valioso também para nosso tema, esse modelo é representado por uma curva que mostra o ciclo da vida profissional de uma pessoa e permite tanto entender o desenvolvimento de sua carreira como identificar as oportunidades de mudança.

Uma empresa nasce com toda a energia possível e esse nascimento pode ser comparado à primavera. Se for bem administrada, com as estratégias adequadas, tende a seguir em frente e crescer, alcançando um período de plenitude e euforia (verão). Chega, enfim, ao amadurecimento, mas esse também é o momento que precede o declínio, quando as folhas começam a cair (outono). Em seguida, a empresa inicia a trajetória descendente da curva. No trecho final da curva, a empresa decai, desce a ladeira (inverno). Se nada for feito, a morte é certa.

Quando a empresa nasce, toda sua atenção está voltada para o produto. Quando o volume de vendas ou de serviços prestados é bastante satisfatório, o foco se desloca para a produção, a fim de manter a qualidade e cumprir prazos. Depois, o crescimento se desacelera e a empresa se volta para os clientes, buscando torná-los mais lucrativos. Se os ajustes falharem, o declínio é inevitável.

Com a carreira profissional, acontece mais ou menos a mesma coisa. A primavera corresponde ao período de preparação do profissional. É quando ele acumula conhecimento e se torna capaz de disputar um lugar no mercado. Na comparação, o profissional é seu próprio produto. Uma vez "empregado", ele cresce, é promovido, recebe aumentos de salário, rumo à plenitude. Nessa fase, é comum enfrentar longas jornadas de trabalho. Tudo para concluir suas tarefas satisfatoriamente, ou seja, para manter e aprimorar a produção.

No outono, seu processo de crescimento é mais lento, com menos oportunidades de promoções e aumentos de

A TEORIA, NA PRÁTICA, FUNCIONA

Quando trato de reinvenção, posso falar de experiência própria.

Era início de dezembro de 1999. Eu voltava de Boston, nos Estados Unidos, onde fora negociar meu desligamento da subsidiária brasileira de uma indústria multinacional. Estava ansioso pela aventura de buscar novos desafios, ganhar mais dinheiro e ser mais feliz. Só me atrapalhavam uma tosse constante e uma febre que não cedia. Exames médicos detectaram manchas no pulmão e veio a suspeita de um linfoma.

Por alguns dias, minha vida ficou em suspense. Felizmente, não existia linfoma, mas a mera negação de sua possibilidade equivaleu a uma segunda chance e me fez radicalizar a reinvenção pretendida.

Descobri o que me dava mais prazer profissionalmente – ensinar – e investi nisso. Apesar de tentadoras propostas de trabalho, optei por presidir uma empresa de porte médio voltada para o desenvolvimento de executivos, dediquei-me ainda mais à atividade de professor e comecei a escrever livros.

salários. É quando o profissional, às vezes, olha-se no espelho pela manhã e tem a sensação de que sua vida empacou. Nessa etapa, o fundamental é evitar a "morte profissional". A pessoa deve voltar-se para seus clientes – o empregador, a empresa, o mercado –, saber o que esperam dela, descobrir como pode continuar crescendo. Esse é o momento de dedicar-se à reciclagem e ao estudo.

Enganando o destino

A questão que se coloca, então, é mudar para evitar o declínio. Outro guru da administração, Tom Peters, aponta a existência de um período de "caos" entre o ponto de sucesso máximo

– o ápice – e o ponto em que ainda há chances de reverter a situação – pouco antes, portanto, do declíno acelerado. Nesse momento, tanto a empresa como o profissional ainda contam com os recursos necessários para dar a "virada". No caso do profissional, esses recursos são energia, dinheiro, interesse etc.

Ao pensar nesse período de "caos", descarte a idéia de que se trata exclusivamente de confusão e desesperança. O conceito moderno de caos está relacionado com fatores que levam a determinados eventos e escapam do diagnóstico convencional, ou seja, do pensamento linear de "causa" e "efeito". Esse momento carrega consigo riscos e também oportunidades.

Dois problemas são particularmente comuns e fatais na vida dos profissionais: a ineficiência – que leva a um processo de deterioração lento – e a obsolescência, "doença" rápida e mortal. A correção de problemas desse tipo tendem a criar uma nova primavera, o início de uma nova curva de vida para os profissionais. É crucial estar aberto à mudança e encontrar o melhor modo de torná-la realidade. Acredito que a aquisição continuada de conhecimentos gerais e específicos pode garantir sua reinvenção e, assim, ampliar sua empregabilidade e as chances de sucesso.

FAZEJAMENTO

Faça uma reflexão sobre si mesmo e procure saber como os outros o vêem.

Tenha coragem para abandonar o que é tradicional e não funciona, mesmo que isso lhe dê sensação de segurança.

Esteja aberto tanto aos períodos em que é necessário se reiventar como às oportunidades que se abrem para você fazê-lo.

Assegure-se de que a mudança esteja de acordo com seus valores e de que poderá trazer benefícios para você, sua empresa e seus clientes.

3 E onde entra o mercado?

Dê atenção a seus clientes:

- as razões de eles não voltarem
- a construção da fidelidade
- experiências e sonhos

Tenho mencionado bastante a palavra "cliente", não é verdade? Disse, por exemplo, que ele constitui a razão de ser do nosso aperfeiçoamento profissional; que deve ser um dos principais beneficiários de quaisquer mudanças empreendidas por nós e por nossa empresa, e assim por diante. Mas, admitamos, ainda não me detive de fato sobre suas características, necessidades, desejos. É exatamente isso que acontece, com freqüência, no mundo dos negócios: muito se fala sobre os clientes; pouca atenção se dá a eles.

Eu aprecio imensamente um bolo de sorvete artesanal feito no bairro do Ipiranga, em São Paulo. Também sou fã de uma pequena vinícola na chamada região dos "vinhos de montanhas", próxima ao Vale dos Vinhedos, no Rio Grande do Sul. E me tornei freguês assíduo de um restaurante da Riviera de São Lourenço, em Bertioga, no litoral paulista.

Sou fiel a todos esses locais e constantemente os recomendo a terceiros. O que me oferecem de especial? Produtos excelentes, sem dúvida: por exemplo, orgulho-me de servir o cabernet sauvignon da vinícola citada aos meus amigos, lado a lado com vinhos franceses e italianos. Ah, sim, todas as pessoas nesses locais se mostram gentis e delicadas, invariavelmente.

Mas não se trata apenas disso. O principal é que deles recebo atendimento personalizado, conveniência, comodidade – em resumo, eles prestam atenção a minhas preferências e me entregam aquilo que desejo. Você quer vender algo para mim, em boa quantidade e por muito tempo? Conquiste-me. Inspire-se nesses estabelecimentos.

O leitor deve ter percebido o que acabei de fazer: coloquei-me na posição de cliente. O fato é que vendedores geralmente não se lembram de que às vezes são compradores.

Diferentes pesquisas confirmam: a atenção ao cliente é o ponto nevrálgico de um negócio. Isso aparece tanto em uma pesquisa conduzida na Walt Disney World, como em levantamentos realizados por institutos de pesquisa dos Estados Unidos. Com pequenas variações, os números giram em torno destes:

- 9% dos clientes deixam de comprar de um fornecedor por motivos sobre os quais os executivos têm pouco ou nenhum controle: eles morrem, mudam de bairro ou de cidade, mudam de hábitos etc.
- 9% alegam que o preço é a razão para abandonar determinado fornecedor. No levantamento da Disney, esses mesmos 9% dizem que migram para um concorrente.
- 14% apresentam motivos relacionados à qualidade do produto.
- 68% dos pesquisados indicam o atendimento dos funcionários e seu comportamento como a principal motivação para deixar de comprar de uma empresa.

Faça as contas. Quase oito vezes mais clientes deixam o fornecedor por responsabilidade do atendimento do que em função dos preços. Cerca de cinco vezes mais compradores são perdidos por conta do atendimento do que por falta de qualidade ou inadequação de produto.

O objetivo de todo profissional é – ou deveria ser – estabelecer um relacionamento de longo prazo com seus clientes. Mais do que conquistar novos consumidores, é fundamental saber como manter os atuais fiéis à sua marca, seus produtos e/ou seus serviços. Inúmeros estudos mostram que sai mais caro atrair um novo cliente do que atender (bem) o cliente antigo. Portanto, a fidelidade é, sob muitos aspectos, o pote de ouro no final do arco-íris.

Regra de Ouro nº 3

Da análise cuidadosa desses fatos, podemos tirar nossa terceira regra de ouro: **Dê atenção a seu cliente. Ou ele irá buscar atenção em outro lugar**.

Desde já, faço um esclarecimento fundamental: refiro-me aqui (e ao longo de todo este livro) também aos clientes internos, de seu chefe até o funcionário do departamento ao lado que precisa de suas informações para desempenhar as respectivas tarefas. Com um pouco de esforço, é fácil perceber como mudam os personagens mas se aplicam igualmente os conceitos.

A satisfação de suas necessidades é um caminho crucial para conquistar a fidelidade de qualquer pessoa. No caso de produtos e serviços, indicadores objetivos como preço e qualidade têm seu peso, claro. Mas sabemos que as necessidades do consumidor moderno vão bem além desses fatores, assim como as necessidades das pessoas na vida em geral não se restringem a ter o que comer e onde morar.

O maior especialista em comportamento do consumidor, o professor Roger Blackwell, define assim o desafio que as companhias encontram pela frente: "Na primeira metade do século 20, a questão era aumentar a eficiência na fabricação. A segunda metade colocou o foco na eficiência da cadeia de distribuição. Minha impressão é que, de agora em diante, o sucesso dependerá da capacidade de entender a mente do consumidor".

Podemos afirmar que dar atenção ao cliente é satisfazer suas necessidades, atribuindo a isso o sentido mais amplo possível. No caso da compra de um produto, por exemplo, toda a experiência, do primeiro contato à utilização do bem

AUTO-AVALIAÇÃO

Você procura conhecer as vontades e até mesmo as manias de seus clientes?

O que você faz de concreto para estimular seu cliente a comprar novamente seu produto ou serviço?

Você atende igualmente bem um potencial novo cliente e um antigo, ou já dá o segundo por "garantido"?

Você enxerga como clientes seus colegas, seu chefe e as pessoas de empresas fornecedoras e parceiras?

Você tenta saber por que determinados clientes deixaram de comprar seu produto ou serviço?

adquirido, deve ser levada em consideração – até o retorno à loja, pessoalmente ou por telefone, para tirar dúvidas ou fazer uma reclamação. E nunca é demais reafirmar que isso vale para clientes internos e externos, para consumidores do varejo e para compradores empresariais (o *business-to-business*).

Nesse cenário, todos que têm a responsabilidade de lidar com o cliente devem entender o seguinte: CNPJs não compram de CNPJs. Pessoas não compram de CNPJs. Pessoas compram de pessoas. Quem fideliza o cliente não é a loja, mas o balconista da loja. Quem fideliza o cliente é quem atende, seja no balcão, no contato face-a-face, no *call center*, na assistência técnica etc. Quem fideliza o cliente é você.

Experiências e sonhos

As emoções e os sentidos vêm ganhando tal importância na relação das pessoas com produtos e serviços que deram origem a dois modernos conceitos: o marketing dos sonhos e o marketing da experiência. Ao acreditar que a decisão de compra se baseia fundamentalmente em dados objetivos, em prós e contras, o marketing tradicional já não espelha a complexidade do consumidor moderno. Essas duas novas abordagens, por outro lado, apelam para percepções mais subjetivas.

O marketing da experiência – que tem entre seus teóricos Bernd Schmitt – se baseia na idéia de oferecer verdadeiros programas de consumo, mais do que produtos ou serviços, como se a compra fosse atividade de lazer. A empresa inteira deve abraçar essa missão e buscar cumpri-la por meio do atendimento, da comunicação visual e do ambiente em que a venda se dará.

No marketing dos sonhos – conceituado por Gian Luigi Longinotti-Buitoni –, as aspirações pessoais (como reconhe-

A TEORIA, NA PRÁTICA, FUNCIONA

Sempre digo: é o vendedor quem fideliza o cliente. Marca importa, mas pessoas importam mais.

Uma loja de moda masculina me perdeu por esquecer isso. Eu era cliente assíduo de uma de suas unidades, no Morumbi Shopping, em São Paulo, onde me sentia sempre bem atendido por uma vendedora de nome Marta. Belo dia, ela não estava lá; havia sido transferida para outra loja da rede, no Shopping Iguatemi. Não me preocupei; o Iguatemi ficava mais perto de casa, troquei o Morumbi por ele.

Duas visitas mais tarde, fui informado de que Marta mudara novamente, agora para a loja do Shopping Center Norte, bem distante. Fiquei indignado: como isso era possível? Explicaram-me, então, que a rede passara a promover um rodízio de vendedores a cada 45 dias. Ou seja, nessa empresa, o elemento de fidelização do cliente era móvel. Conclusão: deixei de comprar em suas lojas, apesar do bom mix de produtos.

cimento social) passam a ser protagonistas do negócio. Costuma-se dizer que o cliente não quer comprar um piano; ele quer ser um grande pianista.

O caso da Walt Disney World é emblemático. De acordo com seus executivos, para que toda a experiência de visitar um parque temático seja recompensadora é necessário que se estabeleçam relacionamentos entre os funcionários e seus "convidados" – e não apenas transações. Uma das marcas do atendimento da Disney é o radar voltado para pequenos detalhes, como a ajuda na hora de encontrar o carro no gigantesco estacionamento. O resultado pode ser comprovado em números: 70% das pessoas que freqüentam a Disney já estiveram lá antes. Ou seja, encontraram atenção e não precisaram buscá-la em outro lugar.

O veredito do cliente

O julgamento sobre a qualidade do atendimento, o nível de atenção ou a satisfação com a experiência não depende de você; é o cliente quem dá a palavra final.

FAZEJAMENTO

Coloque-se no "lugar do cliente", para entender melhor como ele vê seu produto.

Pesquise as necessidades de cada cliente. E lembre-se: seu chefe, seus colegas, as pessoas de outras empresas que dependem de seu trabalho também são seus clientes.

Investigue por que um cliente deixou de comprar seu produto ou serviço (ou mesmo seu trabalho, suas idéias).

Confira aos momentos de contato com o cliente a importância que eles merecem, dando atenção aos pequenos detalhes.

Por exemplo: há cliente que, quando você o atende rápido, se sente bem atendido; outro, na mesma situação, pode se achar maltratado. O segundo possivelmente quer um relacionamento mais prolongado, isto é, tomar um café, trocar idéias. Se você sabe que determinado cliente demanda tempo, nem pense em encontrá-lo em um dia apertado, em que você só tenha meia hora disponível.

Nos próximos capítulos você poderá entender: quão diferentes as pessoas podem ser, como reconhecer e respeitar essas diferenças e como esses traços são fundamentais em qualquer negociação. É possível analisar o cliente nos primeiros momentos do contato e, assim, estabelecer a melhor comunicação possível com ele.

Eu conseguirei assimilar tanta coisa?

Aprenda a aprender:

- conhecimento *versus* informação
- multidisciplinaridade
- aprendizagem de oportunidade
- aprendizagem programada

Uma frase de Peter Drucker reflete com maestria o tamanho do desafio com que deparamos ao nos embrenharmos na floresta da aprendizagem: "É da natureza do conhecimento que ele mude rápido e que as certezas de hoje se tornem os absurdos do amanhã".

E, se o conhecimento sempre mudou rapidamente, como assinala Drucker, podemos afirmar com segurança que essa velocidade vem aumentando – e muito. Imagine que, na virada do século 19 para o século 20, todo o conhecimento humano (história, medicina, geografia etc.) cabia em um disquete. Por volta da década de 1940, verificava-se que esse conhecimento, que no século anterior levara cem anos para dobrar, agora duplicava de 40 em 40 anos.

Veio, então, a Segunda Guerra Mundial e, com ela, um brutal desenvolvimento em várias áreas: engenharia, mecânica, alimentos, vestuário. O conhecimento passou a dobrar a cada 20 anos. Na década de 1960 já se chegava ao dobro do conhecimento a cada dez anos e, agora, no início do novo milênio, o conhecimento humano duplicaria a cada dois ou quatro anos, com a estimativa variando conforme a fonte. Já perdi a conta de quantos disquetes – ou melhor, DVDs – foram utilizados.

Isso tem enorme impacto sobre o cotidiano de todos nós. Imagine que você tenha uma cirurgia marcada e seu cirurgião esteja formado há uns quatro anos. Se você não tiver certeza de que ele continuou estudando depois da graduação – lendo as últimas pesquisas publicadas nas revistas científicas, participando de cursos e congressos –, talvez seja melhor cancelar a operação. Em apenas quatro anos, teoricamente, 50% do que ele sabia ficou superado.

Agora, coloque-se no lugar do médico. É crucial manter-se em contínuo aperfeiçoamento; os pacientes lhe exigem isso e, caso contrário, desmarcarão as cirurgias. A solução seria mudar de profissão? Pura ilusão achar que as coisas são assim apenas para os médicos. Hoje elas são assim para quaisquer profissionais, em quaisquer atividades.

Regra de Ouro nº 4

Da necessidade de acompanhar a evolução do conhecimento vem a quarta regra de ouro: **Aprenda a aprender para aprender sempre**.

Tudo de que falamos até agora (e muito do que ainda falaremos) passa pela aprendizagem contínua. Entre outros aspectos, aprender é uma das melhores formas de afiar os machados, é o caminho a ser trilhado por quem busca mudanças em sua vida pessoal e profissional e é o que nos leva a conhecer e compreender melhor os clientes – como mostrarei de forma prática nos próximos capítulos.

Mas o que fazer se as informações mais parecem uma avalanche caindo sobre nós? Como não ficar paralisado diante do fato de que o conhecimento a adquirir tende ao infinito? Como evitar a obsolescência que surge da noite para o dia?

Ninguém discorda quanto aos obstáculos existentes. Estamos pouco preparados para explorar as infinitas possibilidades que este século nos reservou. A responsabilidade não é exclusivamente nossa. O ensino tradicional, que moldou e ainda molda a maioria de nós, não responde às novas exigências. Concentram-se demasiados esforços na transmissão de conteúdos – mecanicamente, muitas vezes – e se dá pouca atenção à criação do hábito de seguir aprendendo vida afora.

Eu lhe garanto que não adianta matricular-se freneticamente em um curso após o outro. A única receita para vencer com eficácia o gigantesco desafio do conhecimento é mudar a forma de aprendizagem. Eu, você, todos nós precisamos, mais do que nunca, aprender a aprender.

O que buscar

A veloz expansão do conhecimento não apenas joga no lixo alguns dos conhecimentos acumulados nos bancos escolares. Ela também exige que se tenha uma diversificada gama de conhecimentos, tão variados quanto são as nuances da sociedade moderna e os setores econômicos. Mais que isso: demanda que os indivíduos saibam aprender sem ter um professor à frente e que consigam pensar sobre tudo sozinhos. De tal modo que possam aprender 24 horas por dia e que formem um olhar crítico sobre a realidade à sua volta.

Lembremos sempre de que o graal a buscar é o conhecimento, não a informação. Às vezes, até despejam um monte de informações dentro de sua cabeça, mas isso é suficiente? Não! O conhecimento é fruto da seleção, enquanto informação se acumula; o conhecimento é o que você escolhe a partir de uma informação, com o objetivo de melhorar sua vida e seus negócios. O conhecimento deve ser compartilhado e gerar valor.

Nesse mundo de informações sem porteiras, todo negociador deve saber o que o levará a criar valor e o que deverá compartilhar com os outros – até mesmo clientes. Eis mais uma habilidade profissional essencial.

Múltiplas possibilidades

Nesse cenário, está cada vez mais em alta a formação multidisciplinar. Com ela, uma pessoa se torna capaz de processar informações sobre diversas facetas da realidade e, assim, gerar um novo conhecimento que lhe interesse. Por exemplo, um gerente com formação multidisciplinar beberá de várias fontes, mostrando como são úteis para a Administração dados extraídos da História, Comunicação, Física, Literatura, Geografia e assim por diante.

O ensino tradicional não descobriu ainda como "empacotar" e "entregar" a multidisciplinaridade. No campo do *management*, o problema é mais crítico. O próprio Peter Drucker vem dando o sinal de alerta há tempos: enquanto as empresas valorizam os líderes, as escolas de administração nos ensinam a ser gerentes. A departamentalização das organizações de negócios contaminou os cursos de graduação. Temas fundamentais como emoção, pensamento estratégico, motivação, comportamento e diferenças culturais são praticamente ignorados pela academia.

Outra lacuna preocupante está no parco tratamento que as faculdades dispensam à criatividade. Sim, é possível "ensinar" criatividade – ou, pelo menos, tornar as pessoas mais aptas ao pensamento criativo. Este começa a ser reprimido no

AUTO-AVALIAÇÃO

Como você lida com o excesso de informações do dia-a-dia?

Você sabe onde pesquisar informações para encontrá-las rapidamente quando precisa? Você costuma consultar dicionários, enciclopédias e sites da Web?

Você encara as experiências do cotidiano, incluindo conversas com amigos e familiares, como oportunidades de aprendizagem?

Você tira o máximo proveito de aulas, palestras, convenções e programas de capacitação?

Você acompanha as novidades do mercado e tenta sempre atualizar-se?

ensino fundamental, quando somos orientados a resolver problemas e a dar respostas "certas" para questões preestabelecidas.

Aprendizagem de oportunidade

Vamos sacudir a poeira na prática? Em casa, no trabalho, nas viagens de lazer, são inúmeros os momentos em que, bem aproveitados, podem resultar em genuíno conhecimento do tipo multidisciplinar. Basta ligar suas antenas e realmente prestar atenção no que está à frente. É o que chamo aqui de "aprendizagem de oportunidade".

A chance de aprender pode estar em uma revista lida no cabeleireiro, em um velho desenho animado da TV, no último filme em cartaz no cinema, em um livro infantil, em um *chat* da Internet, na simples observação das ruas, em uma agradável conversa.

Para aprender a aprender e, assim, aprender sempre, você deve descobrir seus próprios mecanismos de aprendizado. Você incorpora melhor o que lê ou o que escuta? Tem de passar o conhecimento para outra pessoa se quiser absorvê-lo de fato? Precisa organizar as idéias por escrito para tirar suas conclusões? Prefere vivenciá-las? Qualquer que seja seu ponto forte, explore-o.

Além disso, é possível que você esteja captando as informações, sim, mas que não consiga processá-las. É compreensível, aliás, porque o cérebro há de querer defender-se do excesso de dados. Nesse caso, o caminho é o inverso: desligue a TV em vez de assistir ao Jornal Nacional desatento. É melhor relaxar os "músculos cerebrais" para que, menos fatigados, voltem a trabalhar mais tarde.

Algumas técnicas

Há medidas que podem ajudá-lo a lidar melhor com a era da informação:

- **Selecione.** Não adianta insistir: você não vai ler tudo, ver tudo, ouvir tudo e, ainda por cima, aprender tudo. Selecione as áreas de conhecimento que lhe podem ser úteis ou com as quais tem mais afinidade. E invista nelas de maneira concentrada. Repetindo, os critérios são utilidade e afinidade.
- **Estabeleça associações.** As informações fazem mais sentido à medida que são relacionadas entre si, pois só então se transformam em conhecimento. Se já li, mesmo em momentos distintos, sobre as velhas fazendas de café da oligarquia paulista e sobre as "*stately homes*" da aristocracia inglesa, sou capaz de traçar um paralelo entre as duas for-

A TEORIA, NA PRÁTICA, FUNCIONA

No final de 2002, tive a honra de conhecer pessoalmente o maior guru de *management* de todos os tempos e verdadeiro pai da administração moderna, Peter Drucker. Com meu amigo José Salibi Neto, fui convidado a jantar em sua casa na Califórnia.

O jantar estava ótimo – a sra. Drucker cozinha muito bem – e a conversa, deliciosa. Drucker discorria sobre arte oriental com a mesma fluência que tratava de conceitos gerenciais; falava de história com a destreza que aborda economia. Mais descontraído, atrevi-me a perguntar-lhe o segredo de tanto conhecimento em tamanha profundidade.

Eis sua surpreendente receita: "Estabelecer um foco de estudo e dedicar-se a ele de corpo e alma por cinco anos, até aprendê-lo à perfeição. Esgotado o prazo, eleger um novo foco. E assim sucessivamente". Voltei e já adaptei esse princípio à minha rotina: resolvi focalizar dois assuntos a cada dois anos, para mergulhar de cabeça neles.

mas de organização rural e entender sua influência sobre a sociedade.

Da mesma maneira, o conhecimento se torna mais poderoso quando potencializado por outro conhecimento. Se pratico mergulho autônomo, com o cilindro de ar, possuo determinado conhecimento. Se faço um curso de fim de semana de biologia marinha, aumento meu repertório sobre o assunto.

- **Pesquise.** Não se contente apenas com as informações que chegam até você. Faça pesquisas a partir de suas próprias curiosidades e dúvidas, ou mesmo de notícias cotidianas. Pesquisar significa tanto a consulta corriqueira ao dicionário como palestras sobre temas de seu interesse. Regra fundamental: não é preciso adquirir todos os conhecimentos do mundo; você deve saber onde buscar informações que alimentarão seus conhecimentos.
- **Desconfie e confira.** Não acredite em tudo o que lê ou escuta. Duvide sempre, seja um daqueles céticos chatos até provar o contrário.
- **Crie hábitos.** Se você ainda não os tem, vale a pena criar alguns hábitos de captação de informações. Eis alguns dos meus: sempre que posso, acompanho o telejornal matutino e o Jornal Nacional. Leio uma revista semanal, uma mensal e uma bimestral e tenho três ou quatro livros permanentemente na minha cabeceira – enjôo de um, passo para outro e depois volto. Tem mais: adoro bater papo. Nada substitui as experiências das pessoas e, admito, minha curiosidade é insaciável.

O papel da internet

Bem: você está prestes a encostar este livro em algum canto e ir para a frente do computador pesquisar uma informação para rechear a apresentação de amanhã. A Internet lhe proporciona excelentes oportunidades de exercitar a pesquisa. O volume de informações e desvios da rede assusta mas também permite descobrir o inusitado e estabelecer relações entre fatos aparentemente distintos e isolados.

Trata-se ainda de uma ótima chance de formar sua própria opinião, pois não é raro deparar com artigos que expressam visões antagônicas sobre um mesmo assunto. E o exercício como navegador acabará ensinando-o a buscar dados de forma objetiva, quando não houver tempo a perder. Ou seja, quem souber tirar proveito da vida digital será capaz de encontrar informações diferenciadas, separar o joio do trigo e reelaborar internamente os dados, até que se transformem em conhecimento.

Aprendizagem programada

O filósofo alemão Friedrich Nietzsche proclamou, certa vez, que a verdadeira missão na sala de aula cabe ao aluno, não ao professor. É o estudante que aprende, não o mestre que ensina. A afirmação, incômoda para alguns educadores, faz todo o sentido, em minha opinião: "aprender" vem de "apreender", "interiorizar", "pôr para dentro". Ora, ninguém pode enfiar-lhe goela abaixo um conhecimento; só você mesmo conseguirá "engoli-lo".

Dito isso, acrescento que todo mundo deveria fazer um plano de estudo de vários anos, abrangendo tanto os cursos especializados de sua área como aqueles que versam sobre "assuntos aleatórios". É o que chamo aqui de "aprendizagem programada". Parece-me que há duas decisões básicas a tomar: o que estudar e onde.

- **O que estudar?** Essa escolha passa, na verdade, por uma eleição de prioridades. Comece pelo seu próprio produto, depois pela empresa – outras funções internas importantes, como gestão financeira – e então pelo setor econômico a que ela pertence.

Em paralelo, estude algo que lhe dê prazer. O prazer acelera o conhecimento e as pessoas gostam de ouvir as outras falando de coisas que as entusiasmam. Cursos que ensinem ferramentas para utilizar na vida profissional são bem recomendados, mesmo que não tenham ligação direta com a essência de seu trabalho. Um exemplo são os cursos de teatro para quem faz apresentações com freqüência.

- **Onde estudar?** Prefira escolas que utilizem diferentes metodologias de ensino, em vez de apenas aulas expositivas e leitura de textos. Apresentações com recursos audiovisuais, discussões em grupo, aprender fazendo, aprender ensinando são algumas das possibilidades. Vale ainda comentar que muita gente decide onde e quanto tempo estudar apenas pelo *status* do diploma. Isso é uma bobagem. Às vezes, um curso curto pode representar mais do que um MBA para você.

  Lembre-se da opção do *e-learning*, os programas de aprendizagem pela Internet ou CD-ROM. São ferramentas poderosas que permitem definir os próprios horários, criar grupos de estudo, acessar a aulas até durante uma viagem, com conteúdo de qualidade – preferencialmente em conjunto com o ensino "presencial".

Ah! Nunca deixe de avaliar o impacto do curso sobre seu dia-a-dia. Isso o estimulará.

Entendendo como se aprende

Gostaria de lhe oferecer uma noção de como o ser humano aprende. Não sou um educador nem tenho condições de aprofundar correntes de aprendizagem como o construtivismo ou o behaviorismo; apenas darei uma "pincelada" no assunto.

De modo simplificado, a mente humana funciona mais ou menos como a caixa preta de uma câmera fotográfica, das analógicas, onde são registradas todas as suas experiências de vida, mesmo aquelas que você não tem consciência de possuir. Quando uma ação lhe é direcionada, você tem uma reação condicionada por esses registros. Por que um jogador de futebol leva uma entrada mais dura e parte para cima do adversário, e outro, na mesma situação, apenas se levanta e volta para o jogo? Uma explicação possível é que o primeiro teve boas experiências com brigas, e o segundo levou uma surra na última vez que se meteu em encrenca.

Os antecedentes de cada pessoa determinam, portanto, a forma como ela reage, interpondo-se entre o estímulo externo e o comportamento com o qual ela responde a esse estímulo.

FAZEJAMENTO

Tente descobrir como você aprende melhor e crie sua própria metodologia.

Aproveite toda e qualquer oportunidade para aprender. Isso inclui jornais, livros, filmes, bate-papos, viagens, visita a museus, restaurantes etc. Como? Prestar atenção é um bom começo.

Invista em cursos, tanto de sua área profissional como os que lhe dão prazer. Cursos que forneçam ferramentas – por exemplo, para falar em público – também são valiosos.

Escolha a instituição de ensino em que vai estudar levando em conta o conjunto de métodos utilizados por ela, a qualidade dos professores e sua motivação. Leve em consideração a possibilidade de recorrer ao ensino à distância, o *e-learning*.

5

Não somos todos iguais?

Respeite as diferenças:

- hierarquia das necessidades
- diferenças de comportamento conforme a necessidade
- pessoas diferentes

Já falamos dos antecedentes de cada um e sua influência no comportamento humano. Eles são bem mais complexos do que supomos. Vou ilustrar isso com uma breve história:

Um garoto de 6 anos ganha uma bicicleta de presente de Natal. Determinada a educar com amor e disciplina, em distinguir o certo e o errado, a mãe estabelece com o filho os limites do novo veículo. "Apartamento não é lugar para andar de bicicleta", diz. "Eu o levo para pedalar no parque todos os fins de semana", promete. "Está bem. Libero o corredor e os quartos", cede, diante do olhar desolado da criança, "mas na sala não pode mesmo, de jeito nenhum!"

"Por que não?", pergunta o menino, tentando arrancar uma última concessão. A mãe, pacientemente, lhe explica que a sala abriga vários objetos de valor, entre os quais um vaso de porcelana chinesa muito antigo herdado do bisavô. E que ela não quer ver esse vaso quebrado em hipótese alguma.

Em uma bela manhã de sol em que a mãe estava com excelente humor, o garoto decide que é chegada a hora de correr riscos – e pedala em território proibido. Mas a sorte não o ajuda; ele esbarra no vaso do bisavô, que se espatifa no chão. Ato contínuo, ele abre o berreiro e a mãe dispara a socorrê-lo. Diante do choro tão arrependido da criança e com o humor ainda em alta, ela o abraça e consola, dizendo que a travessura não tem tanta importância assim.

O garoto fica sem entender o que houve. Pode ou não pode andar de bicicleta na sala? O tempo passa, o vaso chinês é substituído por um vasinho de supermercado que às vezes recebe flores e, em um dia chuvoso, com a mãe cheia de preocupações e atrasada para o trabalho, o filho resolve desafiar o limite de novo.

O vasinho tem destino igual ao de seu antecessor. O menino, então, repete a estratégia de defesa, com muito choro.

Desta vez, contudo, a mãe ignora a artimanha. E vem pisando duro, de cara amarrada, para dar uma bronca da qual o filho jamais se esquecerá. O sermão que se segue não esclarece por que um vaso barato é mais importante do que a porcelana que atravessou gerações. Ou por que o mesmo limite se mostra maleável em alguns dias e intransponível em outros.

Pois bem: esse garoto, 25 anos depois, é o seu cliente e está sentado à sua frente negociando um grande pedido. Como lidar com ele? Seus traumas, neuroses e valores diferem dos seus e dos de todos os outros clientes. E você nem conheceu a mãe dele.

Regra de Ouro nº 5

Reconhecendo que cada pessoa possui uma história de vida peculiar e que isso é determinante, chegamos à quinta regra de ouro: **Respeite sempre as diferenças de comportamento e as pessoas diferentes.**

Quero abordar neste capítulo os dois tipos de diferença que lidamos no trabalho:

- As diferenças de comportamento de uma pessoa.
- As pessoas diferentes.

Aqui recorro a uma importante teoria de gestão do século 20: a pirâmide da hierarquia de necessidades, elaborada pelo psicólogo norte-americano Abraham Maslow.

Esse teórico dividiu as necessidades humanas em cinco grupos – fisiológicas, de segurança, sociais, de estima e de realização – e os ordenou em escala ascendente (*veja figura a seguir*).

De acordo com Maslow, a necessidade mais forte determina seu comportamento em dado momento, gerando os

A HIERARQUIA DAS NECESSIDADES

estímulos que o levam a uma ação. Se você estiver com fome, por exemplo, essa necessidade fisiológica o motivará a empreender uma ação correspondente, como ir a um restaurante.

Enquanto a fome não for saciada, você não terá vontade de tomar outras iniciativas, relacionadas com outras necessidades – seja comprar uma casa em busca de segurança, seja participar de um grupo para socializar-se. Ao mesmo tempo, uma vez satisfeitas quaisquer necessidades situadas na parte inferior da pirâmide, você procurará atender às necessidades dos degraus acima.

A pirâmide de Maslow é aplicada em várias funções da administração, da publicidade à motivação de pessoal. E serve para compreender as negociações e os relacionamentos entre cliente e fornecedor.

Diferenças de comportamento

Suponha que você planeje visitar uma compradora potencial e fazer-lhe uma oferta definitiva, capaz de diferenciar

AUTO-AVALIAÇÃO

Você procura saber como vivem as pessoas de outras cidades, de outros Estados e regiões do Brasil? E de outros países e continentes?

Você tem consciência de seus preconceitos e se esforça para eliminá-los ou, pelo menos, minimizá-los?

Diante de alguém cujo comportamento o incomoda, como você reage? Procura entender isso ou apenas rejeita o outro?

a empresa dela da concorrência. Se essa empresa estiver com sérios problemas de caixa, atrasando até o salário dos funcionários, dificilmente ela terá ouvidos para seus argumentos. A executiva em questão estará tão preocupada em resolver sua necessidade premente (e básica) que, provavelmente, mostrará indiferença em relação a você.

Já aquele comprador potencial com as contas em dia ficará mais inclinado a aceitar sua oferta, pois terá necessidades naturalmente mais elevadas. Ele estará receptivo a uma proposta comercial ousada, porque sua necessidade do momento é a diferenciação – e não a segurança financeira, como no caso da primeira compradora.

Qual é a mensagem, então? São três: 1) Você não deve intimidar-se pela careta da primeira compradora potencial e desistir dela. Apenas registre que seu comportamento foi condicionado pela necessidade do momento, respeite isso e lembre de que as necessidades mudam o tempo todo. 2) Visite o cliente propenso a comprar agora. 3) Descubra outros clientes cuja necessidade seja compatível com o que você está vendendo.

Pessoas diferentes

Muitas mulheres não suportam tratar profissionalmente com homens mais conservadores – ou machistas, como preferir – e vice-versa. De modo similar, pessoas de culturas tradicionalmente antagônicas, como chineses e japoneses, às vezes não se sentam à mesma mesa para negociar. E a lista da intolerância é longa, mesmo em um país razoavelmente tolerante como o nosso: brancos e negros, gays e heterossexuais, portadores e não-portadores de deficiência física, gordos e magros, ricos e pobres, vegetarianos e freqüentadores de churrascaria, pós-graduados e pessoas de baixa escolaridade etc.

O que dizer sobre isso? Se o preconceito nos negócios não fosse de uma estreiteza ímpar – seu único resultado prático constitui a perda de oportunidades –, eu diria que é ridículo. A palavra de ordem do novo milênio é o "multiculturalismo", movido pela globalização econômica e pelo trânsito de pessoas e idéias pelo planeta. Esse conceito reconhece a coexistência de múltiplas formas de cultura (em sentido amplo) e as consagra como igualmente válidas.

O multiculturalismo tem conseqüências especialmente profundas no mundo dos negócios, tanto no âmbito das relações interpessoais – e, portanto, entre as partes de uma negociação –, como na atitude das empresas em relação a seus mercados.

No dia-a-dia lidamos com as mais diversas pessoas, das mais diferentes regiões do Brasil ou do mundo, com diferentes hábitos, orientações sexuais e assim por diante, certo? Aceitar pessoas diferentes de você como clientes internos e externos é muito importante para a estratégia do negócio, pois o bom relacionamento leva à maior produtividade e competitividade. Mais que isso, já ficou provado em multinacio-

A TEORIA, NA PRÁTICA, FUNCIONA

Foi em Abu Dhabi, capital dos Emirados Árabes Unidos, como vendedor de uma *trading company*, que entendi a importância de respeitar as diferenças entre as pessoas.

Eu tinha um ótimo cliente de religião muçulmana. Certo dia, ele quis devolver uma encomenda de lingotes de aço para construção civil, alegando que os produtos entregues não correspondiam às especificações. Embora não tivesse sido atendido por mim daquela vez – o negócio fora fechado por um colega –, meu chefe pediu que eu tentasse resolver o problema.

O custo de trazer os contêineres de volta ao Brasil seria elevadíssimo. Fui até lá e perguntei ao cliente o que poderia demovê-lo da idéia. A resposta me surpreendeu: "As peças estão erradas mesmo, mas eu tenho como revendê-las por aqui. Se for para ajudar você, eu desisto de devolvê-las. Mas, para seu colega, não faço nada".

Aos poucos, contou-me o que se passara no encontro dos dois. Enquanto ele orava ajoelhado em um tapete voltado para Meca, meu colega aproveitara para fumar e fazer anotações. Já eu agia de modo bem diferente (mais por partilhar esses momentos de reflexão do que por ser politicamente correto): largava a caneta sobre a mesa e permanecia em silêncio, aproveitando para fazer minha própria oração.

nais que a inovação frutifica mais em locais onde há várias cabeças pensando.

O mesmo acontece quando falamos em mercados. Um exemplo ilustra bem isso: atualmente, cerca de 10% dos consumidores brasileiros são homossexuais. Se sua empresa tiver preconceitos desse teor pode acabar não vendendo para esses clientes.

FAZEJAMENTO

Se você não conseguir eliminar seus preconceitos, deixe-os em casa antes de ir para o trabalho.

Entenda a necessidade atual de seu cliente, de acordo com a pirâmide de Maslow. Assim, fica mais fácil aceitar o comportamento da pessoa com a qual você está negociando.

Ao conhecer melhor as peculiaridades da situação de seu cliente, você terá condições de moldar sua abordagem, sua proposta e, dessa forma, atendê-lo melhor.

Fique atento a novos mercados, fruto de comportamentos e expressões culturais diferentes das tradicionais.

Tenha como um de seus objetivos de vida ser mais "multicultural". Você verá que, na imensa maioria dos casos, o diferente é ... apenas diferente, nem pior nem melhor.

"*Vive la différence*"! Essa frase, imortalizada pelo personagem de Spencer Tracy no filme *A Costela de Adão*, refere-se principalmente às diferenças entre os sexos. Ao longo do tempo, no entanto, foi ganhando sentido mais geral e se tornou uma síntese da idéia de respeito – e mais ainda, de valorização – das diferenças, sejam elas culturais, comportamentais, religiosas, políticas etc.

6

Quem é este desconhecido no outro lado da mesa?

Identifique o perfil de seu cliente:

- mais emoção
- mais razão
- mais rápido
- mais lento

Mariana, Alberto, Vera, Pedro Henrique. Você os conhece? Tem reunião marcada com um deles? Um projeto conjunto talvez? Não? Acho que você está enganado... Todos nós os conhecemos. Os nomes e os rostos podem mudar, assim como o sexo, mas marianas, albertos, veras e pedros são os personagens típicos do cotidiano dos negócios e estão presentes tanto em sua empresa como fora dela. Lido com eles dia após dia e você também. Sou um deles e você também o é.

Não, não inventei os quatro personagens; estou longe de ser um ficcionista. Apenas adaptei às necessidades de um negociador os quatro tipos de comportamento identificados sucessivamente por grandes cientistas ao longo da história, sendo o principal o mestre da psicologia Carl Jung. Mesmo sem conhecer Jung, é provável que você esteja familiarizado com suas idéias, por meio da classificação Myers-Briggs de liderança – que também se inspirou nas descobertas junguianas. Em décadas de experiências práticas e com leitura acumulada de autodidata, fui percebendo como o domínio de perfis comportamentais serve como uma luva aos propósitos da negociação e às relações humanas em geral.

Então, daqui a pouco, você estará frente a frente com um novo cliente. Até que você se sente seguro, pois é pura simpatia, tem sempre um assunto bom na ponta da língua e seu jeito encontra receptividade na maioria das pessoas, tanto colegas de departamento como profissionais de outras unidades e empresas. E você já incorporou as lições deste livro: afiar os machados, ser atento, respeitar diferenças, aprender sempre. Mas, confesse, houve clientes que você não conseguiu seduzir, inexplicavelmente. E se este for mais um deles? Se este for um "apressadinho"? Se for da turma que dá canseira ao pedir uma quantidade gigantesca de informações?

Em outras palavras, você sabe realmente quem estará do outro lado da mesa? Será uma Mariana? Um Pedro Henrique? Um Alberto? Uma Vera? Desta resposta pode depender tudo mais...

Regra de Ouro nº 6

A sexta regra de ouro é um dos passos fundamentais de qualquer negociação: **Identifique o perfil de comportamento de seu cliente**.

Obviamente não é possível "saber" com precisão quem é o cliente ou conhecê-lo a fundo, ainda que ele seja um grande amigo. Quantas pessoas com quem convivemos durante anos e, às vezes, até partilhamos momentos de intimidade emocional, podemos dizer que realmente conhecemos? Mas é viável, isto sim, encaixar seu cliente, de antemão, em um dos quatro perfis de comportamento: Pragmático, Analítico, Expressivo ou Afável. Eu utilizo essa ferramenta de identificação de perfis há muito tempo, com ótimos resultados.

Vale enfatizar que a ferramenta não é para ser aplicada apenas uma vez na vida com cada cliente, do tipo "já sei com quem estou lidando, basta". Na preparação de cada negociação, sempre recorra novamente a ela, a fim de repassar as características principais de seu interlocutor e a melhor maneira de tratar com ele. Além disso, fique atento a uma eventual mudança de perfil de comportamento. Diante de acontecimentos de grande impacto na vida pessoal, como o nascimento de um filho, a doença de um ente querido, uma tórrida paixão ou uma situação em que se escapa da morte, por exemplo, as pessoas tendem a mudar de perfil.

Como reunir informações

No caso de clientes com os quais já se teve contato, tudo fica mais fácil. Você deve analisar o comportamento de cada pessoa retroativamente, sob os pontos de vista que serão apresentados a seguir, para tentar enquadrá-la em um dos quatro perfis. De agora em diante, pode até mesmo manter fichas em que anota o perfil mais provável e faz outras observações, aprofundando o conhecimento sobre sua personalidade e sobre o histórico do relacionamento comercial de vocês.

Mas, e se for seu primeiro encontro com um cliente potencial? O procedimento recomendável é fazer uma pesquisa prévia e começar a esboçar seu perfil de comportamento para não ser pego de surpresa.

O primeiro – e poderoso – recurso para essa pesquisa é a Internet. A rede está repleta de informações e, com a ajuda dos sites de busca, é possível encontrar algo sobre a pessoa ou pelo menos sobre sua empresa e seus superiores. Ainda na Web, encontram-se referências em páginas de revistas especializadas – um artigo escrito por seu interlocutor, por exemplo, pode ser revelador sobre suas idéias e sua maneira de ser. Vale também, de maneira reservada, conversar com outras pessoas antes de partir para o encontro.

Ao falar com ele pelo telefone, há sinais a ser detectados, tais como o tom de voz e a forma, mais ou menos "personalizada", como ele lida com você. Nesse contato observa-se, por exemplo, se a pessoa é de poucas palavras ou considera bem-vindo algum "bate-papo", indício de um relacionamento.

Muitas vezes, inclusive, você é obrigado a passar por uma série de pessoas até chegar a quem toma a decisão final sobre o assunto que lhe interessa. Na prática, você está negociando com todas elas e o objeto da negociação, nesses

AUTO-AVALIAÇÃO

Você já parou para analisar como é o processo de decisão de seus clientes, colegas, chefes e parceiros?

Há algum deles que você simplesmente não "entende"?

Você já conversou com outras pessoas sobre as características de comportamento de cada um de seus clientes? Sabe quem é mais rápido, mais lento? Mais emocional, mais racional?

Quando visita um cliente novo, você pesquisa antes sobre ele?

Você já analisou qual é o seu próprio perfil de comportamento? Como você toma decisões no trabalho: é mais com a razão ou com a emoção? Rapidamente ou de forma mais lenta?

Você já perguntou a outras pessoas como elas identificam seu comportamento nesses aspectos?

casos, é ser atendido no menor prazo possível. A secretária, por exemplo, costuma ser uma dessas pessoas e também deve ter seu perfil traçado por você. Já no local da reunião, que geralmente é o escritório do seu cliente, pode-se captar dicas por conversas com a secretária e outros funcionários e pela observação do ambiente.

Eis alguns exemplos práticos do que se deve notar:

- Na recepção, enquanto espera, você nota que o executivo com quem tratará entra e sai da sala repetidas vezes e sempre com pressa.
- Na sala dele, a mesa parece que nem foi usada de tão limpa e organizada ou, ao contrário, está atolada de papéis.
- Na sala dele, há poucos elementos decorativos e todos impessoais ou, então, muitos porta-retratos com fotos de família.

- No elevador, três funcionários conversam sobre o jogo de futebol do dia anterior e citam o executivo em questão como torcedor do time que perdeu.

Como você verá, detalhes como esses e outros "falam" – em alto e bom som.

Identificando o perfil, passo a passo

Antes de seguir em frente, é importante chamar sua atenção para dois pressupostos básicos:

1. Um perfil não é melhor nem pior do que os demais. Como mencionamos anteriormente, as pessoas são diferentes e se comportam de maneira diferente.
2. Ninguém apresenta o tempo todo apenas um perfil. Navegamos pelos quatro perfis, na mesma medida em que são diversas as situações que encontramos no dia-a-dia e na vida como um todo. Um determinado perfil reúne pessoas de características semelhantes; nunca iguais.

Por isso, o importante no que diz respeito aos negociadores é procurar entender o perfil de seu cliente no trabalho

MATRIZ DOS PERFIS DE COMPORTAMENTO – 1

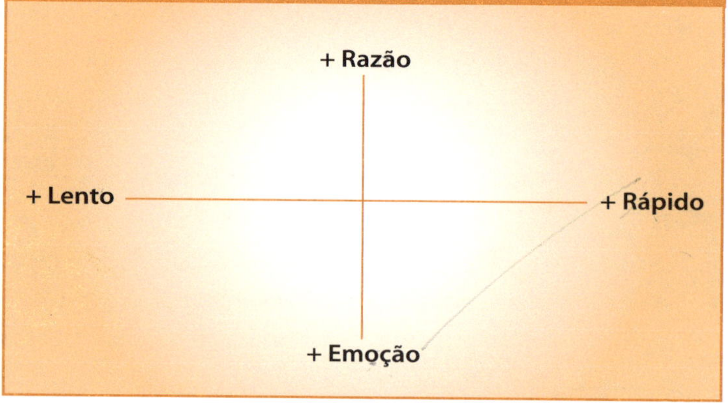

e, em especial, nos momentos de tomada de decisão. Para chegar a ele, proponho que você utilize um modelo muito simples.

Inicialmente é útil desenhar a matriz que o representa, mas logo você será capaz de trabalhar com ele mentalmente. Trace uma linha vertical e outra horizontal, de modo que você obtenha quatro quadrantes. No eixo vertical, em cima, escreva "+ Razão" e, embaixo, "+ Emoção". No eixo horizontal, anote, do lado esquerdo "+ Lento" e, do lado direito, "+ Rápido".

Agora, a partir de informações que você reuniu e da observação da outra pessoa, responda:

- **No ambiente de trabalho, ele ou ela geralmente age mais com a razão ou mais com a emoção?**

Se for mais com a razão, ele ou ela está em um dos dois quadrantes superiores da matriz. Se ele ou ela agir predominantemente com a emoção, localiza-se nos quadrantes de baixo. Obtida essa resposta, você trilhou pelo menos 50% do caminho.

Em seguida, também a partir de informações e observações, responda:

- **No ambiente de trabalho, ele ou ela geralmente é mais lento ou mais rápido para tomar decisões e/ou executar tarefas?**

Se for mais rápido, situa-se do lado direito da matriz; mais lento, do lado esquerdo.

Dessa maneira, obtemos quatro combinações possíveis e, conseqüentemente, quatro perfis distintos:

- "+ Razão" e "+ Rápido" = Perfil Pragmático.
- "+ Razão" e "+ Lento" = Perfil Analítico.
- "+ Emoção" e "+ Rápido" = Perfil Expressivo.
- "+ Emoção" e "+ Lento" = Perfil Afável.

MATRIZ DOS PERFIS DE COMPORTAMENTO - 2

Mais uma vez, vale ressaltar que as pessoas costumam ter um pouco de cada um desses perfis, às vezes oscilam entre eles e mudam conforme a situação em que se encontram. O importante é descobrir qual o perfil predominante no ambiente de trabalho, quais as características mais importantes de cada um e como lidar com elas. Agora, convido-o a conhecer um pouco mais cada perfil.

Pragmático = + razão e + rápido

Você geralmente reconhece um pragmático nos primeiros instantes: ele ou ela o recebe com formalidade e seu aperto de mão é firme. Seus gestos são assertivos, sua mesa tem poucos objetos e quase nenhum papel. Por ser muito prático e ter aversão ao risco de "perder tempo", prefere quase sempre ir direto ao assunto, e por vezes pode mostrar-se obstinado.

Caso você tenha oportunidade de conhecer melhor o Pragmático – o que não é fácil –, é provável que o veja como alguém que gosta de esportes individuais, inclusive pelo prazer que a atividade física proporciona. Também é possível que perceba que ele ou ela aprecia os prazeres da vida.

As pessoas do tipo pragmáticas costumam ser organizadas, mas não excessivamente metódicas, até porque isso lhes tomaria tempo em demasia e um esforço intelectual sem propósito claro. Diante de uma situação de problema, possivelmente buscará uma avaliação bastante precisa e concisa, a fim de orientar sua decisão. E, se essa solução demandar um processo longo, tenderá a vê-lo como "um passo de cada vez".

Assim, podemos resumir algumas das principais características das pessoas que se encaixam no perfil Pragmático:

- Tem tom de voz firme e gestos impositivos.
- É prático, "pé no chão", realista. Por isso mesmo, costuma ater-se aos fatos e ao "aqui e agora".
- Gosta de ir "direto ao ponto" e decidir rápido.
- Busca poder e pode ser insensível.

Vera, a Pragmática

Lembra-se de que citei Vera no início do capítulo? Agora deixe-me apresentá-la a você. Vera chega pontualmente ao escritório, no último andar de um imponente edifício estrategicamente localizado na principal área de negócios da cidade – como sempre, comentaria o porteiro. A essa altura já fez seus exercícios matinais e, pelo menos, uma hora de corrida, o que lhe dá grande prazer, principalmente quando nota que vem melhorando rapidamente – qualquer dia, acaba se inscrevendo em uma maratona. Também aproveitou o começo da manhã para ligar para o encanador e marcar uma visita no mesmo dia – o problema da pia do banheiro não pode mais atrapalhar o tempo de que dispõe para si mesma.

OBSERVE O PRAGMÁTICO ...

... na relação com outros perfis: quando analisadas em um entorno relativamente constante – como o local de trabalho –, todas as pessoas podem transitar horizontalmente no quadrante dos perfis. Isso acontece porque os fatores determinantes "razão" e "emoção" acabam sendo mais fortes. Por isso, é comum encontrar pragmáticos que muitas vezes apresentam características presentes no perfil Analítico.

Em relação ao perfil verticalmente oposto no quadrante, verifica-se uma situação de oposição, mas, como reza o dito popular, "os opostos se atraem". Daí, portanto, a admiração que muitas vezes o Pragmático nutre pelo Expressivo. A velocidade nas decisões os une e, ao mesmo tempo, o Pragmático parece enxergar no Expressivo características que lhe faltam, como a eloqüência.

A agenda está cheia, avisa a secretária. Isso não a surpreende, nem tampouco a intimida. Vera sabe que, se despender o tempo adequado com cada compromisso, conseguirá cumpri-los todos – e deixará o escritório a tempo de conhecer aquele novo restaurante instalado em uma chácara em agradável companhia. O difícil, às vezes, é fazer os outros entenderem a importância de cada minuto que passa.

Daqui a pouco, Vera vai receber Alberto, proprietário de uma média empresa com a qual sua organização está para fechar uma parceria. As negociações vêm caminhando bem, mas ainda resta acertar alguns "detalhes", fundamentais do ponto de vista de Vera. Se concretizado, o negócio repre-

...em outro ambiente: ao mudar de ambiente, todas as pessoas tendem a deslocar-se no quadrante dos perfis de comportamento, e esse deslocamento se dá, em geral, na diagonal. Assim, em casa ou em um local de lazer, o Pragmático costuma aproximar-se do comportamento do tipo Afável, aproveitando para explicitar sentimentos, investir em relacionamentos, cultivar amizades. É comum, por exemplo, ver como executivos pragmáticos se mostram pais e cônjuges bem companheiros.

... quando tem algumas características exacerbadas: quando excessivamente predominantes, os perfis podem apresentar outras especificidades. O Pragmático radical talvez não veja significado ou importância em nada, demonstre total falta de paixão e se deixe levar pelo absoluto imediatismo. Na prática, isso pode traduzir-se em não dar tempo ou atenção a nenhum interlocutor e se mostrar excessivamente hermético, fechado a novas idéias e propostas.

sentará o bilhete de entrada em um novo e estratégico mercado para a companhia de Vera, além de um salto significativo para a empresa de Alberto.

Ela só espera que, desta vez, Alberto traga as definições solicitadas. Que ele está animado, não há dúvida. Que ele aposta em uma explosão de vendas em um futuro próximo, idem, idem. Tudo isso ela sabe à exaustão, quase de cor, de tanto que ele repete – e Vera até admite que se não fosse seu entusiasmo e sua visão, sua sacada mesmo, os dois não estariam hoje aqui. Mas agora ela precisa de respostas em vez da "conversa mole", até para levar ao restante da diretoria.

Analítico = + razão e + lento

Também situado no campo da razão, porém mais lento e gradual no seu processo de tomada de decisão, o Analítico vai lhe mostrar uma de suas principais características ao demandar uma grande quantidade de informações.

É bem provável que você o encontre rodeado de papéis – são relatórios, catálogos, recortes de jornal para seu arquivo pessoal etc. –, mas tudo bem organizado. Quando ele começar a falar, repare em seu tom de voz constante, com pouca variação. E, no momento em que você responder a suas perguntas, tenha certeza: ele estará prestando atenção a cada palavra e demonstrará isso com gestos pensativos.

Ao mesmo tempo, não espere ver traços de emoção; é o cérebro que está no comando. Diante de uma proposta, procura sempre descobrir e entender quais as vantagens e as desvantagens, assim como todas as possíveis conseqüências. Tem a preocupação de ser justo e de agir com base em princípios, às vezes rígidos.

Eis, portanto, algumas das principais características do perfil Analítico:

- Tem tom de voz constante e gestos pensativos.
- Gosta de aprender e pesquisar, assim como de estudar o passado para projetar o futuro.
- É metódico.
- Busca a perfeição e tende a ser um idealista.

Pedro Henrique, o Analítico

Eis Pedro Henrique, debruçado sobre os relatórios de dois de seus melhores funcionários. Ele tem um problema e tanto nas mãos: precisa entender por que as vendas para alguns tipos específicos de loja caíram tão bruscamente. Diante da complexidade da situação, achou melhor se municiar

OBSERVE O ANALÍTICO ...

... na relação com os outros perfis: como já comentei, é comum observar que as pessoas transitam horizontalmente no quadrante dos perfis. Assim, as pessoas do tipo Analítico, em especial aquelas em posições gerenciais, têm um pouco de pragmáticas.

Em relação ao perfil verticalmente oposto no quadrante, o Analítico pode ver no Afável aquela capacidade de demonstrar sentimentos que ele próprio gostaria de ter, com mais freqüência ou intensidade.

... em outro ambiente: ao mudar de ambiente, a pessoa tende a deslocar-se no quadrante dos perfis de comportamento e esse deslocamento se dá, em geral, na diagonal, como já assinalei. Não surpreende, portanto, que o Analítico seja quase um Expressivo em casa ou em um local de diversão.

... quando tem algumas características exacerbadas: o cliente Analítico pode acabar se tornando demasiadamente custoso para o fornecedor, pela quantidade de informações que solicita e por outras demandas, além de às vezes parecer "não sair do lugar", "ficar paralisado". Mesmo quando o Analítico é o fornecedor, esse comportamento se torna problemático, com o cliente correndo o risco de ficar sem oferta. Com seu perfeccionismo, o Analítico radical também pode mostrar-se crítico e teimoso demais.

de dois pontos de vista diferentes, além, é claro, de todos os dados que conseguiu reunir.

Embora os dois profissionais a quem Pedro Henrique encomendou pareceres sejam igualmente competentes, um deles ainda não "está no ponto". Seu relatório contém opiniões em excesso; às vezes, parece que ele salta para a conclusão sem fundamentá-la de maneira consistente.

É preciso estudar o problema. Essa é a missão de Pedro Henrique no momento e toda sua concentração tem de estar canalizada para tal. Nas próximas duas horas, não deixará que nada nem ninguém o interrompa. Traçou um método de trabalho e vai segui-lo à risca.

Mais tarde terá de preparar-se para a apresentação que amanhã fará ao chefe e para a reunião com Mariana, diretora de uma autarquia do governo estadual a quem pretende vender seu software.

Com a lembrança dos compromissos, Pedro Henrique se permite refletir um pouco sobre as dificuldades que enfrentará em cada um deles, antes de voltar-se totalmente para os relatórios.

O chefe parece não entender a complexidade das questões enfrentadas pela empresa – nem tudo é tão "preto no branco" quanto gosta de acreditar. Precisa achar um jeito eficiente de comunicar-se com ele, observa na agenda, complementando com "reunir números, relacionar vantagens de vender para o governo". E aproveita para fazer anotações sobre a reunião com Mariana.

Expressivo = + emoção e + rápido

Não espere ir direto ao assunto ao lidar com um cliente do tipo Expressivo. Seus gestos largos e seu tom de voz de alta inflexão são como um aviso de que a conversa apenas começou. É possível que ele logo aproveite para lhe mostrar fotos que decoram sua mesa ou sua parede; que comente algum caso que lhe veio à mente quando você, ao telefone, antecipou o assunto de que queria tratar; que apresente sua empresa, dando ênfase à missão, aos compromissos, à história e aos projetos futuros, sem temer falar pelos cotovelos.

Mas não pense que ele o está "enrolando". Isso tudo é a forma que encontra para estabelecer com você um relacionamento comercial, que, ele próprio espera, seja o mais duradouro possível.

Algumas vezes, a pessoa de perfil Expressivo pode parecer um pouco dispersiva, saltando de um assunto a outro. Na verdade, ao Expressivo raras atividades dão mais prazer do que explorar novos mundos e, como poucos, ele é capaz de antecipar tendências e perceber os inúmeros ângulos e soluções para uma situação.

Podemos resumir assim algumas das principais características do tipo Expressivo:

- Eloqüente, tem gestos largos e alta inflexão de voz.
- É movido muitas vezes pela intuição.
- Transita por interesses diversos, além dos negócios.
- Busca popularidade e pode ser centrado em si mesmo.

OBSERVE O EXPRESSIVO ...

... na relação com outros perfis: migrando horizontalmente, o Expressivo pode trazer consigo algumas características do perfil Afável, como a preocupação com as pessoas e com a harmonia das relações. Ao mesmo tempo, a assertividade das pessoas do perfil de oposição (no eixo vertical), os Pragmáticos, costuma despertar a admiração do Expressivo.

... em outro ambiente: quando está em um ambiente diferente daquele do trabalho, o Expressivo faz o movimento diagonal e tende a aproximar-se do Analítico, despendendo um pouco mais de tempo na avaliação de problemas e alternativas.

... quando tem algumas características exacerbadas: a eventual falta de objetividade do Expressivo pode ser um obstáculo para que as negociações efetivamente gerem frutos. O Expressivo radical pode ser narcisista e exibicionista.

Alberto, o Expressivo

"Doutor Alberto está de bom humor hoje", diz a secretária ao ver o patrão assobiando no corredor da empresa, situada em um bairro tradicional da cidade. Não é para menos. O time dele fez cinco gols no jogo de ontem. "Está com 'pinta' de campeão", emenda o experiente funcionário com quem Alberto vinha conversando no elevador. "Espero que continue assim", completa a secretária.

Os dois trocam mais alguns comentários sobre o chefe, agora tendo como testemunha um vendedor apressado que, sem prestar maior atenção à conversa, apenas aguarda o momento de informar que está ali para falar com o senhor Alberto.

Enquanto isso, já em sua sala, Alberto ainda tenta separar os pensamentos sobre o jogo de futebol da noite anterior, os problemas do filho na faculdade e a reunião que terá depois do almoço com Vera, importante executiva de uma grande empresa com quem busca firmar uma parceria inédita.

A secretária avisa da chegada do vendedor e Alberto pede que ela o encaminhe até sua sala.

– Como vai, João?! Já faz algum tempo que não nos vemos, certo? Na última vez, qual mesmo foi o negócio que fechamos?

– O senhor comprou dez caixas do meu produto premium, informa secamente o vendedor.

– É verdade, estou me lembrando vagamente... Como foi mesmo? Eu estava com uma operação...

– Bem, senhor Alberto – interrompe bruscamente –, sei que o senhor tem muita coisa para fazer e estou aqui hoje para lhe apresentar nossa nova linha.

O vendedor começa a expor seus produtos e sua proposta, mas Alberto divide sua atenção entre acompanhar o que o outro diz e tentar lembrar os detalhes do último negócio que fizeram. Para ele, é importante saber em que pé está o relacionamento comercial com aquele vendedor e sua empresa. Será que ele concentrou demais suas operações com aquele fornecedor? Afinal, não quero que todos os ovos sejam da mesma granja – aliás, ótima expressão, vou usar mais vezes. Talvez seja hora de ter mais fornecedores para comparar qualidade e preço, sem falar no fato de que uma concorrência sempre faz melhorar o atendimento e o prazo de entrega. Seus pensamentos voavam longe.

Afável = + Emoção e + Lento

Os gestos suaves e o tom de voz de baixa inflexão do Afável ao lhe atender mostram que é hora de deixar o corre-corre do lado de fora da porta. Concentradas em desenvolver relacionamentos que resistam ao tempo e às intempéries, as pessoas que se encaixam neste perfil são tranqüilas e gentis, mas consomem algum tempo em seu processo de decisão.

Freqüentemente, elas subordinam o pensamento ao sentimento, mas isso não significa que sejam profissionais menos preparados para o difícil mundo dos negócios, de modo nenhum. São eles, por exemplo, que saberão apontar as possíveis conseqüências de quaisquer decisões empresariais sobre os funcionários, um dos mais valiosos ativos de uma organização. Na era da inteligência emocional e do trabalho em equipe, eles são excepcionais jogadores de time e, portanto, peças-chave das empresas.

Por suas características dominantes, os afáveis têm facilidade em compreender as pessoas e em se comunicar com elas; são empáticos e um excelente "ombro amigo". A contrapartida é o fato de buscarem a participação de outros quando vão tomar uma decisão.

Quando você conhecer melhor um Afável, será comum que ele ou ela partilhe com você algumas de suas idéias e projetos, buscando, mesmo que inconscientemente, algum grau de aprovação ou até bons conselhos. O Afável gosta de uma relação de cumplicidade.

Resumindo o perfil Afável:

- É suave nos gestos e na voz.
- Preocupa-se com a harmonia das relações e com os valores sociais.
- Faz avaliações subjetivas.
- Busca a paz e tem apego à tradição.

OBSERVE O AFÁVEL ...

... na relação com outros perfis: transitando horizontalmente, o Afável compartilha com o Expressivo o predomínio da emoção, fazendo que os sentimentos pesem muito na hora de tomar decisões. Esse tipo admira seu oposto na linha vertical, o Analítico, pela frieza em qualquer situação – gostaria de ser um pouco assim.

... em outro ambiente: ao mudar de ambiente, não é raro ver o Afável transformar-se em um Pragmático e buscar respostas rápidas para todas as questões.

... quando tem algumas características exacerbadas: em determinados casos, o executivo Afável pode parecer indeciso e acabar com um negócio por isso. O amor do Afável radical pode virar ódio se ele achar que foi traído de alguma maneira – mesmo contrariedades comuns podem soar como traição para quem pensa mais com o coração. Pode ainda ser um tipo depressivo.

Mariana, a Afável

Depois de anos na iniciativa privada, onde ocupou diferentes cargos em empresas de vários setores econômicos, Mariana resolveu aceitar o convite para integrar a diretoria de uma importante autarquia do governo estadual. Tomou a decisão, ainda tão recente, em busca de mais significado para seu trabalho. Achava que no setor público, a despeito das dificuldades de adaptação que sabia ter pela frente, poderia sentir-se mais útil e realizada.

Enquanto Mariana atravessa o hall de entrada, são pensamentos como esses que lhe ocupam a mente. Ainda se questiona sobre se tomou a decisão certa. Não consegue responder facilmente à pergunta de um antigo colega de empresa: "E aí, você está gostando da nova vida?". Desce do elevador, passa pela secretária e lhe pergunta sobre a mãe doente. Gostaria de parar, conversar, saber mais detalhes, mas ainda não se sente à vontade para isso.

Em sua sala, decorada com objetos que lhe trazem boas lembranças, o trabalho a espera: deve preparar-se para a reunião com Pedro Henrique para tratarem da compra de um software que pode trazer grandes benefícios para as comunidades atendidas pela autarquia. Sente-se especialmente motivada com esse projeto.

Antes que pudesse dedicar maior atenção à reunião, no entanto, a secretária lhe avisa que Carlos telefonou novamente. Odeia ter de fazê-lo esperar, mas o fato é que ainda não tem uma resposta para ele. Restam muitas dúvidas sobre o projeto, ela está dividida e não fica confortável nem em dizer sim, nem não. Carlos é entusiasmado e compartilha com ela o amor pelo assunto, mas parece querer tudo rápido demais...

A TEORIA, NA PRÁTICA, FUNCIONA

Na empresa em que trabalho, pelo menos dois executivos são tenistas talentosos, até bem colocados nos rankings mundiais de suas categorias – por faixa etária. Mesmo trabalhando muito, eles treinam regularmente, o que só é possível com uma grande dose de disciplina, organização e rapidez.

Você já descobriu qual é o perfil de comportamento deles? É isso mesmo; estou rodeado de Pragmáticos. Seu primeiro palpite para um esportista deve ser sempre o Pragmático, já que só é esportista quem treina. Além disso, na avaliação de Carl Jung, o aspecto físico é bem importante em pessoas com o perfil Sensação (equivalente do Pragmático).

Eu não sou Pragmático, mas admiro muito esses colegas. É verdade que entro em confronto com eles às vezes, talvez porque goste de contar histórias e eles demonstrem pressa em ouvi-las. Quem sou eu? Acertou quem respondeu "Expressivo".

Pelos caminhos de Jung

A classificação das personalidades em quatro tipos principais remonta à Grécia antiga. Segundo a maioria dos registros históricos, foi Hipócrates o primeiro a tocar no assunto, por volta de 450 a.C. Seguiram-no dos gregos Platão e Aristóteles ao grande Carl Jung, passando pelo psicólogo norte-americano William Marston, mais conhecido como criador do polígrafo (o detector de mentiras). Todos enxergaram quatro temperamentos básicos no ser humano, com características em boa parte coincidentes.

Na seara da administração de empresas também entramos em contato com os quatro tipos de personalidade, tanto por meio da classificação Myers-Briggs (segundo a qual quatro tipos básicos dão origem a 16 subtipos) como por programas como o "I Speak Your Language", da firma de consultoria multinacional DBM, também presente no Brasil.

Para entender melhor os perfis descritos neste capítulo, vale a pena concentrar-se apenas no trabalho do suíço Carl Gustav Jung, estudioso da psique humana que talvez tenha sido o mais importante discípulo de Freud.

Entre as muitas contribuições de Jung está o estudo sobre os tipos psicológicos humanos, formulado no livro clássico *Tipos Psicológicos*, de 1921, em que são apresentados tipos resultantes de combinações entre "atitudes" e "funções" psicológicas.

Combinando duas atitudes básicas (extroversão e introversão) e quatro funções, Jung chegou a oito tipos psicológicos, mas nossa ferramenta de perfis de comportamento faz paralelo apenas com suas quatro funções, mais significativas no universo de que tratamos, que é o do trabalho.

Todos contamos com as quatro funções de Jung, mas uma costuma prevalecer em cada um de nós. Eis as quatro:

- **Pensamento**. Constitui a função por meio da qual se procura compreender tanto o mundo exterior como o mundo interior.
- **Sentimento**. Esta função "filtra" tudo com o que a pessoa trava contato, a fim de determinar se aquilo é algo agradável ou desagradável, belo ou feio, excitante ou enfadonho, e assim por diante.
- **Sensação**. É a função relacionada com as experiências produzidas pelos órgãos dos sentidos – imagens, sons, cheiros, gostos –, ainda que também englobe percepções interiores.
- **Intuição**. Esta é, assim como a Sensação, uma forma de percepção. Mas, neste caso, a pessoa simplesmente não é capaz de dizer onde ou como ela se originou; funciona como um pressentimento.

Agora vamos fazer o paralelo. As funções que, em Jung, são determinadas pela capacidade de percepção coincidem com as definidas pela rapidez em nosso caso:

função Sensação de Jung → nosso perfil Pragmático
função Intuição de Jung → nosso perfil Expressivo

E as funções que Jung julga dominadas pela capacidade de avaliação são as mesmas que caracterizamos como perfis mais lentos:

função Pensamento de Jung → nosso perfil Analítico
função Sentimento de Jung → nosso perfil Afável

Tenho verificado de forma empírica que as pessoas parecem mudar eventualmente de perfil – se, por exemplo, estão em outro ambiente – e que cada perfil admira outro perfil específico. Não sei explicar tais mecanismos. Talvez haja relação entre eles e é essa descrição que Jung fez dos vários tipos de funções.

Diz o mestre suíço que todas as pessoas possuem:

- Uma função principal (a mais desenvolvida de todas).
- Uma função auxiliar (que "presta serviços" à função principal).
- Uma função oposta (a única que não pode ser auxiliar da função principal, embora ele a possua).

Bem, eu também afirmei que cada perfil da nossa ferramenta pode migrar – horizontalmente no local de trabalho e diagonalmente quando muda o ambiente – para dois outros perfis, que podem ser os equivalentes às duas potenciais funções auxiliares definidas por Jung. Daí se pode deduzir que uma pessoa ativa características de uma função auxiliar conforme o contexto.

Por fim, escrevi que um perfil geralmente não migra para o perfil que lhe é oposto verticalmente. Acredito que isso ocorra porque o perfil oposto verticalmente na matriz talvez seja a função oposta definida por Jung. Pela minha experiência, os perfis opostos de fato se confrontam e se admiram mutuamente.

Na ficção

A ficção se vale com freqüência da tipologia de Jung, também restringindo-se, muitas vezes, às quatro funções principais, como em nossa ferramenta. Fazer um paralelo com os personagens de obras ficcionais nos ajuda, portanto, a entender mais os quatro perfis de comportamento.

Eu selecionei exemplos de filmes que são grandes sucessos de audiência junto a três gerações distintas. Vale comentar que todos os filmes contam histórias de confronto e guerra, nos quais a necessidade de hierarquizar as decisões limita o comportamento dos personagens e onde tudo funciona "preto no branco", sem as áreas cinzentas da vida real.

Os tipos em *Jornada nas Estrelas*

Analise, por exemplo, os personagens do clássico *Jornada nas Estrelas*, um dos seriados mais míticos da televisão:

Capitão Kirk → Expressivo
Sr. Spock → Analítico
Dr. McCoy → Afável
Engenheiro-chefe Scotty → Pragmático

Expressivo, Kirk freqüentemente se vale da intuição para salvar sua tripulação. Spock sempre está em busca de informações e dados, estudando tudo para explicar a todos. McCoy é o médico confiável e carinhoso que se preocupa com os outros e se encanta com a beleza e com a poesia da vida. Spock e McCoy vivem clara oposição, mas, no fundo, nutrem admiração um pelo outro. Scotty, apesar da participação menor, é fundamental para o funcionamento da nave e exemplifica as características do Pragmático.

Os tipos em *Guerra nas Estrelas*

Para os que não são da época, dos *trekkers*, valho-me de um exemplo dos anos 80 e 90, os episódios 4, 5 e 6 de *Guerra nas Estrelas*:

Luke Skywalker → Expressivo
Han Solo → Pragmático
Princesa Lea → Afável
Obi-Wan Kenobi → Analítico

Um Pragmático bem típico é o que se vê em Han Solo, interpretado pelo galã Harrison Ford em *Guerra nas Estrelas*, no qual Luke Skywalker e seu pai, Darth Vader, representam o perfil Expressivo, um para o lado do bem, outro para o lado do mal – ou "lado negro da força".

Lea é um bom exemplo de líder do tipo Afável; ela toma as decisões e comanda seus súditos, mas sabe ouvir os outros, pede conselhos e coloca as pessoas em primeiro lugar. E repare como constantemente implica com o Pragmático Han Solo – antes de apaixonar-se por este, é claro. Obi-Wan Kenobi (encenado pelo maravilhoso ator inglês Alec Guinness) é o estrategista Analítico, sábio e capaz de pesar prós e contras diante de cada decisão.

Os tipos em *Harry Potter*

Finalmente, um exemplo para os bens mais jovens, com base em relatos que me foram feitos – confesso que não acompanho de perto a saga de *Harry Potter*:

Harry Potter → Expressivo
Hermione → Analítico
Ron → Afável
Professor Snape → Pragmático

Harry Potter é o menino-bruxo, heróico e Expressivo, que tem a intuição de que há algo errado e vai fazer suas investigações pelas passagens secretas do colégio interno de magia enquanto os professores dormem.

FAZEJAMENTO

O primeiro passo é reunir informações sobre a pessoa com quem você vai tratar. Para isso, recorra à imprensa, à Internet, a outras pessoas e, acima de tudo, à sua própria observação.

Tenha sempre na memória a matriz dos perfis de comportamento para que rapidamente possa recorrer a ela e descobrir o tipo de seu cliente.

A partir de sua experiência, acrescente características que você vai observando a cada perfil. Suas descobertas o ajudarão a entendê-los e memorizá-los melhor.

Como mostrei neste capítulo, a ficção também é uma boa oportunidade para identificar e se aprofundar em cada um dos perfis. Vá ao cinema, ao teatro, leia livros e analise os personagens sob este ponto de vista.

Hermione é quem dá sustentação ao *feeling* de Harry, cruzando informações e levantando dados tirados da biblioteca e cuidadosamente observados na vida real. Analítica, a menina geralmente se mostra cética em relação às desconfianças do amigo, em um primeiro momento.

O Afável Ron age com o coração para salvar sua turma e combater o mal, mostrando uma valentia sem par – ainda mais que ele sempre tem de superar o medo que demonstra no início das aventuras. E, como representante das altas emoções, vale comentar que Ron fica por um tempo "de mau" do melhor amigo Harry.

O professor Snape é uma "cobra" – essa alusão é feita de modo quase explícito ao longo dos livros e filmes –, mas demanda e produz resultados de uma maneira impressionante, como um legítimo Pragmático faria. Snape detesta o Expressivo Harry e, ao mesmo tempo, o admira. Pelo menos até o início do sexto livro da série ainda não se sabia ao certo se Snape é bom ou malvado.

7

Será que ele está me ouvindo mesmo?

Estabeleça *rapport*:

- com o Pragmático
- com o Expressivo
- com o Afável
- com o Analítico

Tudo bem, agora você sabe que a Vera é pragmática e respeita isso. Mas a "revelação" não parece ter-lhe sido de grande valia, pois ela continua com o desagradável hábito de ficar olhando o relógio enquanto você fala, deixando-o extremamente constrangido. E as vendas nunca andam como você esperava.

Elementar, caro leitor! Seu jeito combina com o jeito de muitos clientes, mas não com o jeito pragmático da Vera. Você precisa adaptar-se ao perfil dela no momento da negociação – sem deixar de ser você mesmo, naturalmente.

Pergunte ao seu colega como, certa feita, ele conseguiu fechar um ótimo pedido com a Vera pouco antes de ela pegar o carro rumo ao aeroporto. Aposto que ele tinha uma proposta clara e objetiva que apresentou sucintamente, em alguns minutos.

Eu cumpro um processo de duas etapas antes de partir para qualquer negociação: a preparação da abordagem e o planejamento técnico (*falarei um pouco no capítulo 8*). Entre muitas coisas, minha preparação inclui pensar em como vou me comportar e como estabelecerei a comunicação com aquela pessoa. O ponto essencial da preparação da abordagem é repassar o perfil do cliente e, assim, saber como ele gosta de ser tratado.

Todo bom negociador se prepara e se planeja antes de sair do escritório. Mas o que fazem 98% dos vendedores/negociadores? Preparam-se quando já estão na frente do cliente, ou, na melhor das hipóteses, a caminho do escritório deste – no carro, em pleno trânsito.

Então, se você já concordou que precisa afiar os machados, abrir-se às mudanças, dar atenção ao cliente, aprender sempre, respeitar as diferenças e identificar o perfil de comportamento de cada um, o próximo passo é fácil: adapte sua abordagem para comunicar-se melhor, preparando-se para isso com a antecedência necessária. Não espere que o cliente mude por sua causa, até porque isso só acontece em contos de fada.

Regra de Ouro nº 7

Ao se preparar para uma negociação, portanto, tenha sempre em mente a sétima regra de ouro: **Estabeleça o *rapport* e crie um clima agradável e de confiança para a negociação.**

Rapport (pronuncia-se rapór), termo em inglês utilizado pela neurolingüística, significa o estabelecimento de confiança, harmonia e cooperação em um relacionamento. Ou se colocar na mesma "freqüência mental" de seu interlocutor. Assim, sempre que há *rapport*, a comunicação flui melhor.

Um dos principais objetivos de qualquer negociador que almeje o sucesso é criar um clima propício à negociação – só assim ele será plenamente ouvido. Imagine que seu cliente ache que, no fundo, você sempre o enrola, não explica direito qual sua proposta e assim por diante. É isso que ele esperará de você e a conversa estará prejudicada desde o início. Ele pode até escutar sua proposta, mas dificilmente a ouvirá com atenção.

Para que o clima seja agradável e de confiança entre as duas partes, o *rapport* é fundamental. Os dois devem estar na mesma freqüência ou, como se costuma dizer, falar a mesma língua – mesmo quando os idiomas são diferentes. Dito isso, a conclusão parece clara, não? Por que esperar que o mundo se adapte ao seu perfil de comportamento?

Agora que você leu o capítulo anterior com atenção, adote as medidas necessárias para estabelecer o *rapport* em relação a cada um dos perfis possíveis. E, é claro, coloque-as em prática quando estiver na mesa de negociações.

Mas atenção: acima de tudo, e de quaisquer interesses de curto prazo, você deve utilizar a ferramenta dos perfis de comportamento com responsabilidade. Nem pensar em tentar manipular a outra parte. Afinal, se você é um profissional bom mesmo, não quer apenas conseguir uma venda ou fechar um negócio; você quer estabelecer uma relação duradoura, que dê frutos por muito tempo, que seja fundada na confiança mútua e que signifique ganhos para os dois lados.

A ferramenta dos perfis de comportamento é, em sua utilização para estabelecer o *rapport*, uma arma poderosa. Mas, quando usada de forma errada, pode trazer conseqüências bem negativas – e aí não importa de que perfil estejamos falando, como mostraremos a seguir.

Estabelecendo *rapport* com o Pragmático

Como vimos no capítulo anterior, as pessoas que se encaixam no tipo Pragmático são práticas e gostam de ir direto ao assunto. Ao ser recebido com uma atitude formal por um executivo ou uma executiva com esse perfil, não caia na armadilha de tentar "quebrar o gelo". Adote a mesma postura e crescerão suas chances de criar um ambiente adequado à negociação.

Durante as conversas, o Pragmático procura obter, acima de tudo, respostas. Lembre-se de que ele quer (e talvez precise) decidir rápido e o faz de forma racional. Por isso mesmo, explicações ou considerações demais podem parecer-lhe mera "enrolação". Da mesma forma, se ele mostrar especial interesse pelos aspectos técnicos e pelo preço, por exemplo, não vale a pena insistir em outras qualidades de sua proposta. Mostre a força do que você está vendendo no "campo" escolhido por ele.

Ao mesmo tempo, procure não se intimidar pela postura do tipo Pragmático. Afinal, se você não conseguir mostrar o que está vendendo – seja um produto, seja uma idéia –, ele não saberá se quer ou não comprar.

Durante sua preparação, assegure-se de ter prontas algumas respostas para levar para a negociação. Para isso, tente fazer uma avaliação objetiva e isenta dos pontos fracos e fortes. As respostas devem estar relacionadas com os pontos fracos, pois são eles que provavelmente chamarão a atenção do Pragmático. E, ao descrever os pontos fortes, faça-os de maneira precisa e concisa (*veja também o capítulo 8*).

Você saberá que "queimou" sua visita a um cliente pragmático quando, por exemplo, ele olhar no relógio enquanto você fala. Nesse momento, o *rapport*, ainda que tenha sido estabelecido, se quebra, talvez irremediavelmente.

Um lembrete valioso: diante da dificuldade em encaminhar uma negociação com alguém do perfil Pragmático, há sempre a possibilidade da mudança de ambiente. Esse perfil tende a apresentar-se com características do tipo Afável em um local mais relaxante. O relacionamento, então, poderá vir tomar o primeiro plano e a emoção terá maior peso na tomada de decisão que, nesse caso, não deverá ser rápida.

Uma frase resume a atitude de um cliente pragmático ao se considerar enganado por um vendedor, por exemplo, que acaba não cumprindo prazo ou outra condição acordada: "Te pego na volta". Isso significa, na prática, que ele atuará com muito mais dureza em uma futura negociação.

Encontro com o Pragmático

Você deve estar lembrado de que Vera, a executiva pragmática, e Alberto, empreendedor expressivo, iriam discutir a parceria a ser estabelecida entre suas duas empresas. E Vera estava preocupada em ter por parte de Alberto informações objetivas, respostas, a serem levadas à diretoria.

Antes de dirigir-se para a reunião com Vera, Alberto reviu suas anotações e percebeu que ele já havia ressaltado e demonstrado o suficiente seu entusiasmo com o possível acordo. Agora era hora de sanar dúvidas e ele logo conseguiu reunir, a partir das anotações, quais seriam as principais a rondar os pensamentos de Vera. Dedicou-se, então, a ter respostas certas.

Na hora marcada, Alberto foi recebido por Vera, já preparada para algum tempo de "papo" que, para ela, soava como perda de tempo. Qual não foi a surpresa da executiva, então, ao ouvir de Alberto, assim que este entrou em sua sala: "Vera, acho que já tratamos bastante dos aspectos gerais do nosso possível acordo. Hoje eu gostaria de ir direto aos pontos que me parecem ainda serem seus principais questionamentos.

AUTO-AVALIAÇÃO

Será que você é sempre ouvido com atenção pelo outro lado? Quantas vezes teve a sensação de que não tinha a total atenção de seu cliente?

Qual o grau de sintonia entre você e seu chefe? E com os colegas de trabalho?

Você se prepara com antecedência para fazer a melhor abordagem de acordo com o perfil de seu cliente? Busca adaptar-se a seus hábitos e necessidades do momento?

Tenho aqui comigo algumas informações que certamente irão dirimir quaisquer dúvidas".

Durante pouco mais de uma hora, Alberto expôs item por item do que havia preparado, respondendo a novas perguntas de Vera com segurança. Ao final, a executiva estava encantada com a produtividade do encontro e comprou definitivamente a idéia. Estava pronta, sentia, para defendê-la perante a diretoria.

Pedro Henrique, nosso profissional do tipo Analítico, também conseguiu importantes progressos com seu chefe depois que compreendeu melhor seu jeito de pensar e tomar decisões. Ao levar os pareceres solicitados pelo chefe, do tipo Pragmático, Pedro Henrique passou a "mastigar" melhor as informações, transformando-as o máximo possível em possíveis respostas para os problemas enfrentados. Dessa maneira, o chefe começou a encarar suas colaborações como imprescindíveis ao processo de tomada de decisão.

Estabelecendo *rapport* com o Analítico

No capítulo anterior, eu disse que o Analítico mostra uma de suas principais características ao demandar uma grande quantidade de informações para decidir. Pois bem, nesse caso, o melhor que você tem a fazer é fornecer essas informações, pois sem elas o negócio não será fechado.

Na verdade, sabendo de antemão o perfil de seu cliente, prepare todo o tipo de informação que ele possa vir a precisar. Tente raciocinar como ele raciocinaria e você conseguirá antecipar-se e saber que tipo de dados deve carregar embaixo do braço ao ir para a negociação com o tipo Analítico. Dessa maneira, você pode iniciar a conversa com algo assim: "Eu acho que consegui juntar tudo o que você pediu/precisa saber sobre nosso produto/serviço".

Uma vez vencida essa etapa crucial, não caia no erro de pensar que a negociação está encerrada e apressar uma decisão. Lembre-se de que o Analítico precisa de tempo para pensar, para avaliar as informações fornecidas. Ele provavelmente só tomará uma decisão depois de assegurar-se de que contemplou o máximo possível de possibilidades ou conseqüências de sua proposta.

Uma frase como "Agora que o senhor tem em mãos todas as informações, tenho certeza de que não pensará duas vezes antes de decidir em favor de nosso produto/serviço" pode ser desastrosa. Se o Analítico achar que você está tentando "forçar" um fechamento, ele tenderá a se encolher e levantar ainda mais defesas. Essa mesma conseqüência pode surgir se o Analítico tiver a percepção de que no lugar de informações está recebendo respostas. Por exemplo: quando ele pergunta os preços e as condições de pagamento, não quer saber se são os melhores comparativamente com os demais no mercado; ele quer a informação objetiva. E, se ele quiser uma análise comparativa, mais uma vez estará buscando dados e não opiniões.

Se você sabe que a lógica guia o Analítico, procure ser o mais lógico possível em sua explanação. Tente abordar os vários lados e os diferentes aspectos de uma questão, sempre se apoiando em dados.

O cliente com perfil Analítico pode tornar-se "difícil" ou mesmo custoso para o vendedor e sua empresa ao demandar uma quantidade muito grande de dados e demorar demais para chegar à decisão final. No entanto, se você tiver a oportunidade de tratar com o Analítico fora do ambiente de trabalho, poderá explorar mais os aspectos emocionais da sua proposta, investir no relacionamento e tentar obter uma resposta com maior rapidez.

Nunca é demais ressaltar que essa ferramenta não deve ser usada para manipular a outra parte e que qualquer tentativa nesse sentido pode voltar-se contra você. No caso do Analítico, se ele se sentir enganado pelo negociador da outra parte, tenderá, em uma segunda oportunidade, a dar "canseira", defendendo-se muito mais. E as armas que ele conhece, com as quais está acostumado a lidar, são a demanda por informações e o consumo de tempo.

Encontro com o Analítico

Se Pedro Henrique ficava incomodado com os relatórios mais "opinativos" de Roberto, a relação também não agradava o funcionário. Ele percebia que não entrava em "sintonia" com o chefe, seja por escrito, seja nas reuniões, e acabava sendo menos valorizado do que gostaria.

Incentivado por um colega a tentar encontrar a solução em seu comportamento, em vez de apenas criticar o jeito "lerdo" de Pedro Henrique, Roberto foi aos poucos percebendo que estava amarrado a suas próprias convicções sobre, por exemplo, o que um bom relatório deveria conter. Passou então a experimentar novas abordagens para atender às necessidades de informação do chefe, que, percebendo o maior entrosamento, orientou o funcionário com dicas e novas observações.

Vera, a executiva de perfil Pragmático, também teve problemas com um diretor de sua empresa, do tipo Analítico, ao apresentar a proposta de parceria com a empresa de Alberto. Tão certa ela estava do acerto em fazer o acordo – ela percebia tão claramente que era um bom negócio e tinha tão prontas as respostas para justificá-lo –, que se espantou quando ouviu desse diretor: "Acho que você está indo rápido demais. Vejo que você tem muitas certezas, mas gostaria de conhecer melhor os dados que a levaram a tais conclusões. Talvez eu mesmo queira fazer minha análise".

Nesse momento, Vera se sentiu um tanto despreparada. Não que não tivesse informações em mãos – nunca iria para uma reunião dessa importância sem pensar nisso –, mas talvez não conhecesse suficientemente o jeito de pensar e decidir daqueles executivos, bem diferentes dela.

Estabelecendo *rapport* com o Expressivo

É importante que você esteja preparado para tentar estabelecer *rapport* com o Expressivo com base no relacionamento. Isso significa que, em geral, alguma conversa deve preceder os negócios. Não encare esses momentos como perda de tempo: é assim que o tipo Expressivo vai conhecê-lo melhor e criar uma ligação de confiança. É como um convite para "subir a bordo"; aceite e "navegue" com ele. É possível até que, em algum momento, ele o deixe definir a rota.

Se você for feliz em estabelecer *rapport* com seu interlocutor de perfil Expressivo, deve esforçar-se para mantê-lo. E aí é importante saber diferenciar seu comportamento daquele apresentado pelo tipo Afável. Como já vimos anteriormente, a velocidade na tomada de decisão é a principal característica que os distingue. Muitas vezes essa velocidade, no caso do Expressivo, é determinada pela influência decisiva da intuição.

Portanto, você deve estar pronto para quando o Expressivo quiser decidir rapidamente. Se ele acelerar o barco e você ainda estiver navegando ao sabor das marés, pode ficar para trás, deixando de acompanhá-lo no seu raciocínio e/ou nas suas necessidades. Assegure-se de ter condições, por exemplo, de comprometer-se com prazos e condições oferecidas. O compromisso é um aspecto primordial da confiança e, para alguém Expressivo, passa pelo relacionamento.

Tanto é assim que, se houver problemas em relação à sua venda, é provável que o cliente do tipo Expressivo o convoque para, junto com ele, achar uma solução.

Encontro com o Expressivo

Você se lembra do vendedor apressado que foi visitar Alberto, nosso empreendedor do tipo Expressivo? Bem, ele acabou tendo de deixar a proposta por escrito, sem avançar na negociação como gostaria. O *rapport* não havia se estabelecido entre os dois.

Mais tarde, já no escritório, ele acabou ouvindo os conselhos de um amigo que havia vivenciado situação semelhante e mudou de abordagem: levantou dados sobre o último negócio fechado, ligou para Alberto e conversaram bastante. Utilizando as informações pesquisadas, o vendedor animou o empresário a ir em frente.

Mariana, se você se recorda, também estava às voltas com Carlos, um típico Expressivo. Na verdade, ele quase perdeu o negócio. Até que percebeu que tinha de tomar uma decisão.

Estabelecendo *rapport* com o Afável

Se eu tivesse de dar apenas uma dica sobre como agir com alguém do perfil Afável, este seria o seguinte: vá devagar, com calma e procure estabelecer uma relação de cumplicidade.

Além de conselhos, essas pessoas buscam também apoio para suas decisões. Isso não significa, de forma alguma, que sejam "fracas". Apenas precisam sentir e, assim, ter segurança de que estão fazendo a coisa certa.

Por essas características, o relacionamento com um cliente do tipo Afável oferece inúmeras possibilidades para que você se comporte como um "consultor", para ele e para sua empresa (*capítulo 8*). Estabelecida uma relação de confiança, é provável que você seja chamado a opinar com alguma freqüência.

A calma aparente do perfil Afável também pode, muitas vezes, esconder uma turbulência de sentimentos. Talvez por isso mesmo, quando se sente enganado, o cliente do tipo Afável não quer conversa: nunca mais vai recebê-lo. Para ele, havia uma relação de amizade que foi traída e isso é muito grave. É possível que continue fazendo negócios com você, mas por meio de terceiros.

Encontro com o Afável

O primeiro encontro entre Mariana e Pedro Henrique, o diretor do tipo Analítico, foi um desastre. Ele levava embaixo do braço um grande volume de informações para demonstrar que seu software significaria mais produtividade para a autarquia. Ela estava preocupada, principalmente, em reforçar os aspectos positivos do programa nas ações do órgão junto à comunidade. Pareciam dois estranhos tentando comunicar-se em línguas diferentes.

No entanto, graças ao empenho de ambos, houve uma nova reunião, uma "segunda chance". Pedro Henrique entendeu, então, que deveria pensar na venda sob o mesmo ponto de vista de Mariana – e tecnicamente tinha condições de fazê-lo. Ela, por sua vez, percebeu que seria muito útil ter ao seu lado alguém para ajudá-la com os aspectos mais racionais da compra, pois teria de levar o processo adiante incorporando tais aspectos.

Acabamos de comentar que Vera, a executiva com perfil Pragmático, havia tido problemas com o diretor do tipo Analítico ao defender a parceria com a empresa de Alberto. Pois bem, aquilo não foi nada se comparado à dificuldade com outro diretor, do tipo Afável. Ele queria uma avaliação de como os vários departamentos da empresa enxergariam a parceria. Não convencido pelos argumentos iniciais de Vera, pediu mais tempo para pensar, adiando qualquer decisão.

Mais tarde, Vera tomou a iniciativa de marcar uma reunião apenas entre ela e o diretor de perfil Afável. Deixando claro que dispunha de todo o tempo necessário para discutir suas dúvidas, e que entendia suas preocupações, Vera obteve sucesso.

O *rapport* é apenas o início

Com o *rapport*, você estabelece um canal de comunicação com a outra parte, como se ganhasse uma forte credibilidade

A TEORIA, NA PRÁTICA, FUNCIONA

Você sabe o que é "mulherização"? Inventei essa palavra para batizar o fenômeno da tomada de poder pelas mulheres, tanto no mundo gerencial quanto como consumidoras. Isso vem ocorrendo porque são naturalmente femininas algumas das qualidades mais valorizadas nos dias atuais, como as capacidades de ensinar (diante da necessidade de aprender sempre), de executar muitas tarefas ao mesmo tempo (sem se perder no meio do caminho) e de finalizar projetos satisfatoriamente (quando muitos homens "nadam, nadam e morrem na praia").

Mas falta destacar outro talento delas: o de estabelecer *rapport* com o interlocutor, decodificando-o instintivamente e adaptando-se ao seu estilo. Um dos maiores profissionais de vendas que já conheci em toda a minha vida atende pelo nome de Luiza Helena. É a proprietária do Magazine Luiza. Ela vende tudo o que quiser, porque sabe quem está à sua frente. Não à toa, o Magazine Luiza, com sede em Franca, no interior de São Paulo, registrou crescimento da receita bruta de R$ 90 milhões em 1992 para R$ 588 milhões em 2001. E triplicou o número de lojas, de 38 para 115 no mesmo período.

momentânea. Isso aumenta sua responsabilidade e significa duas coisas:

1. Que você precisa fazer a parte técnica para ganhar a venda propriamente dita.
2. Que, para manter essa credibilidade a longo prazo, é fundamental não decepcionar nem surpreender negativamente a outra parte.

Para a venda técnica, leia, por favor, o capítulo 8, crucial. Quanto à surpresa indesejável, muitos não percebem que, curiosamente, ela costuma estar nos detalhes. Às vezes, um atraso na entrega não é tão sério para arranhar o *rapport* como um e-mail não respondido no momento certo ou uma pequena promessa não cumprida. Se você sai de uma reunião dizendo que mandará o preço do novo produto assim que chegar ao escritório e somente o faz dois dias depois, por exemplo, isso pode ser muito grave.

FAZEJAMENTO

Prepare-se, fazendo a lição de casa. Pergunte-se: quanto tempo vou ter para falar com ele? Que tipo de informação lhe devo passar? Como reagirei se ele fizer tal proposta?

Para o Pragmático, leve respostas. Lembre-se de que esse tipo de pessoa costuma decidir rápida e racionalmente.

Não subestime o poder do relacionamento ao tratar com o Expressivo e, ao mesmo tempo, esteja pronto para quando ele achar que chegou a hora da decisão.

Informação de qualidade é a palavra-chave na relação com o Análitico.

Aproveite o espaço que o Afável lhe oferece, partilhando suas preocupações e sugerindo-lhe soluções.

8 E agora, o que fazer?

Seja o consultor de seu cliente:

- o novo planejamento
- as habilidades requeridas

Muitos anos atrás, quando eu vendia produtos fotográficos, um mistério me acompanhava. Toda vez que ia conversar com o comprador de um determinado supermercado, chegava um vendedor de camisa aberta no peito, medalhão de ouro, cheio de lero-lero e conversa mole e passava na frente de todo mundo para ser atendido. Não conseguia entender por que ele não aguardava sua vez, como os outros. Seu jeito combinaria com a cultura daquela empresa? Ofereceria seu produto uma margem de lucro "estratosférica"?

Um dia, finalmente, tomei coragem e perguntei a um dos funcionários: "Por que razão esse vendedor tem prioridade?" "Por causa do produto que ele vende, o óleo de peroba", responderam-me. Ele representava o único fornecedor de óleo de peroba do País e, naqueles idos, toda dona-de-casa utilizava o produto. Se faltassem algumas marcas de filme fotográfico ou de detergente líquido nas prateleiras, ninguém notaria. Mas, se não houvesse óleo de peroba, o supermercado se veria em "maus lençóis".

Ou seja, mesmo que aquele vendedor passasse o tempo todo plantando bananeira e meditando na reunião com o cliente, não deixaria de realizar sua venda. Mas já se vão anos que isso aconteceu e, convenhamos, sem produto exclusivo, vendedores jurássicos como aquele não têm nenhum poder de sedução. Além disso, dado o nível de competição atual, é cada vez mais difícil um fornecedor ficar sozinho em um mercado importante.

Se você abotoou a camisa, não usou medalhão de ouro, identificou seu cliente previamente e estabeleceu o *rapport*, já deu um passo gigantesco do ponto de vista do relacionamento humano e da credibilidade. Mas isso não basta. Você também precisa ser consistente do ponto de vista técnico.

Regra de Ouro nº 8

Então, a menos que seu produto seja o único de uma categoria, siga meu conselho e aplique a regra de ouro número 8: **Torne-se o consultor de seu cliente.**

O conceito de consultoria vai muito além do que cabe na descrição convencional da função de venda. Enquanto o vendedor apenas vende um produto ou serviço para o cliente, o consultor oferece solução e assessoria. Enquanto o vendedor não planeja sua venda e improvisa na frente do cliente – ou, na melhor hipótese, a planeja no carro, indo para a reunião –, o consultor faz um planejamento antecipado e criterioso dos aspectos técnicos da venda. Por fim, se o vendedor é um "tirador" de pedidos, mesmo com um verniz de sofisticação, o consultor constitui o elo de comunicação entre sua empresa e o mercado e até uma empresa dentro da própria empresa.

O novo planejamento

Há pouco falamos da necessidade de preparar-se para a reunião com o cliente, do ponto de vista da identificação e do relacionamento com os diferentes perfis de comportamento. Mas existe outro tipo de preparação igualmente importante: a preparação técnica para a negociação em si, também freqüentemente relegada a segundo plano. Vou chamá-la de "planejamento", para diferenciá-la da primeira.

O consultor de vendas faz, por assim dizer, dois tipos de planejamento – um contínuo e outro sob medida:

- O primeiro acontece 24 horas por dia, todos os dias, o ano inteiro e se refere à atualização de informações relevantes a todos os clientes, como as que se referem a produto, mercado etc.

- O segundo visa a atender às demandas de cada cliente em particular e é executado entre um dia e uma semana antes da negociação. Diz respeito tanto a condições de produção e flexibilidade de preços naquele momento como à forma de lidar melhor com aquele cliente, novamente levando em conta seu perfil de comportamento.

Planejar a partir do perfil do cliente

Não tenha a ilusão de que os clientes de perfil mais racional (o Pragmático ou o Analítico) serão os únicos a exigir-lhe informações técnicas. Os consultores de venda mais experientes não contam com a possibilidade de o Expressivo ou o Afável serem tão distraídos ou ingênuos a ponto de fazer uma compra equivocada.

AUTO-AVALIAÇÃO

Você planeja sua venda para que seja tecnicamente completa, sem "furos"?

Você conhece a fundo o mercado em que atua e os mercados correlatos?

Você passaria em um "Show do Milhão" sobre seu produto?

Você está preparado para "brigar" por seu cliente dentro da empresa, em seu departamento ou em outros?

Você saberia gerenciar os processos dos quais depende a encomenda feita por seu cliente?

Você tem certeza de que está disposto a renegociar com seus clientes internos e externos todas as vezes em que isso for necessário?

O que diferencia os perfis racionais e emocionais no tratamento de aspectos técnicos da negociação é o modo como lidam com eles. Os racionais tendem a ser mais específicos, enquanto os emocionais talvez os abordem de forma genérica. Por exemplo, enquanto os primeiros podem pedir uma análise do produto pelo Instituto de Pesquisas Tecnológicas da Universidade de São Paulo (IPT), os segundos talvez digam o seguinte: "Seu produto tem tais e tais especificações técnicas? Então, por favor, as inclua no corpo da nota fiscal ou faça um documento mencionando isso".

Com clientes de perfil racional, principalmente os analíticos, você não pode apenas ser um especialista em seu produto; precisa parecer ser – ainda que chegue o momento em que você admita ter de consultar um especialista. Isso exige um determinado planejamento. Com os clientes emocionais, o planejamento sob medida é diferente, pois a tendência é que questões mais amplas sejam levantadas, como as relativas ao cenário de longo prazo para aquele produto.

As novas habilidades

Acredito que esse novo profissional a quem chamo de "consultor de vendas" precisa desenvolver nove habilidades principais:

1. Conhecer profundamente o produto, o serviço ou a idéia que está vendendo.
2. Conhecer o mercado.
3. Vender solução.
4. Agregar valor.
5. Vender a imagem da empresa.
6. Negociar.
7. Assessorar.

8. Gerenciar.
9. Desenvolver relacionamento duradouro.

PAPÉIS DO CONSULTOR DE VENDAS

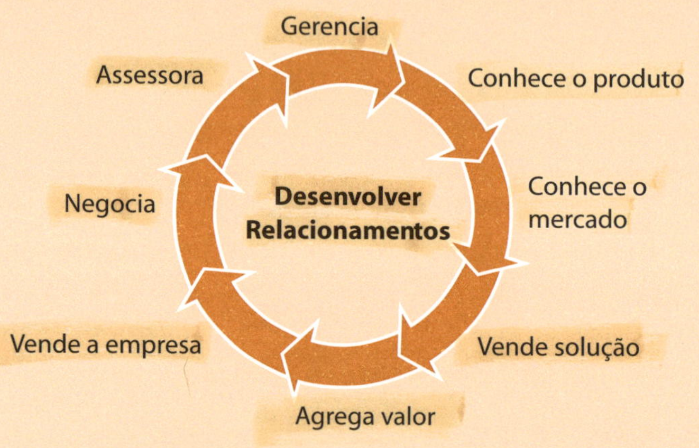

Conhecer profundamente o produto

Quanto ao produto, os principais objetivos devem ser:

- Dominar as características do produto ou serviço de A a Z.
- Dominar os custos do produto ou serviço de A a Z.
- Dominar o processo logístico do produto ou serviço de A a Z.

Posso afirmar com alguma segurança que um número médio de vendedores domina o produto. Um número menor domina os custos do produto – e como seu preço é fixado – e um número próximo a zero domina a logística.

Acompanhe esse diálogo extremamente plausível e realista, ainda que fictício:

Cliente – Está fechado o pedido, mas você tem de me entregar em 15 dias, certo?

Vendedor – Mas nosso prazo de entrega é 30 dias.

Cliente – Acho que você não entendeu. O negócio está fechado apenas se me prometer a entrega para o prazo de 15 dias, como os seus concorrentes fazem.

Um vendedor que não domina o processo logístico vai ficar paralisado. Ele não fará a mínima idéia se esse prazo é ou não factível. Para poder responder ao cliente, ele precisaria ter noção da logística e estar a par das capacidades de produção e distribuição naquele momento. Ou seja, precisaria planejar-se continuamente e sob medida.

Quer ver como tenho razão? Se ele souber que há condições técnicas para a operação – a fábrica tem um nível de ociosidade neste mês, por exemplo –, o consultor pode atender o pedido do cliente e valorizar essa concessão, ficando com crédito para quando precisar, no futuro, pedir qualquer coisa àquele cliente:

– Quinze dias para esse volume está difícil. Mas eu tenho de atendê-lo, é claro. Você é um cliente especial. Negócio fechado.

Por outro lado, se o consultor sabe que a fábrica está lotada de pedidos, poderá dizer não com firmeza e prontamente, o que lhe conferirá grande dose de credibilidade aos olhos do cliente:

– Então, sinto muito, mas dessa vez vou ter de perder o negócio para meu concorrente. Isso é o fim do mundo para mim, você sabe.

Diante de tamanha assertividade, é possível até mesmo que o cliente volte atrás em sua exigência.

Conhecer o mercado

Em uma ponta, há os produtos cujos mercados são muito simples, como os dos refrigerantes do tipo cola. Nesses casos, o esforço para conhecer os mercados não é tão grande assim. Na outra ponta, encontram-se produtos que dependem de produtos complementares para serem vendidos. Isso significa que você precisa conhecer tanto o mercado do seu produto como os mercados de seus complementos, o que exige bem mais dedicação. Por exemplo, quem vende cimento-cola deve conhecer tudo que utilize cimento-cola, como porcelana, cerâmica etc.

Como conhecer um mercado? A regra básica é visitar as feiras do seu setor e correlatas. Quem trabalha com azulejos deve freqüentar não apenas as feiras de azulejos, como também as de materiais de construção em geral. Esses eventos são um fórum muito importante, pois oferecem a oportunidade de ver o mercado inteiro no mesmo local.

Outra dica para conhecer um mercado: a maior fonte de conhecimento de um vendedor são seus compradores. Seu cliente pode dar-lhe uma solução que você levará para outros clientes (contanto que não seja nada confidencial, naturalmente).

Vender soluções

Vender soluções não é uma prática hegemônica apenas nos mercados de computadores, periféricos e afins. Quase ninguém mais vende somente produtos. É fácil ilustrar isso.

Quando vai comprar um carro, você quer o que houver no estoque ou deseja receber um veículo personalizado, com complementos como sistema de ar-condicionado, direção hidráulica, farol de milha, vidro elétrico, blindagem etc.?

O "consultor" da concessionária certamente vai oferecer-lhe essa solução inteira – pode ser também que essa concessionária ainda tenha vendedores que lhe tentem empurrar o que tiver sobrado no pátio, porém isso é cada vez mais raro.

Trata-se de uma tendência tão forte que até as montadoras já se preocupam em oferecer soluções. A Toyota dos Estados Unidos, por exemplo, tem carros em versão masculina e feminina. Os modelos W (de "woman", em inglês), por exemplo, são mais preparados para receber cadeirinhas de bebê.

Uma solução a oferecer pode ser algo simples, como indicar a quantidade exata do produto que resolverá o problema do cliente, ou ter maior complexidade, como montar pacotes somando o produto e alguns serviços adicionais.

A TEORIA, NA PRÁTICA, FUNCIONA

Deixe-me dividir com você outra lição de meus tempos de comércio exterior.

Eu trabalhava com linhas de crochê e tricô, e fechava encomendas para toda a Europa. Chegou o dia em que um cliente pediu um novelo de 50 gramas, demanda que o executivo de produção julgou impossível atender, devido ao tamanho do fuso das máquinas – projetado para novelos de 150 gramas. Não tive dúvida: desci ao chão de fábrica, conversei com os operadores e descobri tudo que era necessário fazer para personalizar o pedido em questão.

Retornei ao diretor responsável e lhe sugeri trocar os fusos. Ele resistiu, argumentando que, mesmo que produzisse fusos menores, estes não encaixariam nas máquinas; dei a garantia de que encaixariam. Ele alegou que o investimento seria alto; contra-argumentei com uma estimativa de cifras realista. Ele levantou outras dúvidas; prometi esclarecê-las com minhas "fontes" privilegiadas.

Moral da história: o diretor até se irritou com minha insistência, mas o cliente ficou muito satisfeito ao receber seus novelos de 50 gramas e a fabricante de linhas diversificou sua oferta e expandiu o mercado.

Agregar valor

Ao fornecer benefícios úteis para seu cliente, um consultor estará agregando valor ao produto ou serviço que vende. Voltando ao exemplo do cimento-cola: ao saber que o cliente procura determinado tipo de azulejo, o consultor pode aconselhá-lo sobre lojas que praticam bons preços ou avisá-lo de defeitos recorrentes nos produtos de determinado fornecedor.

Isso representará muito para seu cliente e nem lhe dará tanto trabalho. Basta que você fique atento às necessidades de seu cliente e as cruze com as informações recebidas de outros clientes e do acompanhamento regular dos mercados.

Vender a imagem da empresa

Você não é um simples representante de vendas: é um representante de sua empresa. Portanto, tudo o que fizer, para o bem e para o mal, terá reflexo sobre a imagem de sua empresa perante os clientes e o mercado de modo geral.

Como a boa imagem de sua empresa é algo que lhe interessa, pois lhe abre portas, você deve estar atento a tudo o que se refira a ela, desde a força da marca até a estratégia. Você precisa acompanhar o que acontece lá dentro e comentar isso em suas conversas. Não deixe que seja um cliente a lhe contar que sua empresa abriu um escritório em Nova York.

Negociar

Achou esquisito eu incluir isso aqui? Afinal de contas, o livro todo é sobre negociação. E negociação nem é uma habilidade nova... Não é bem assim.

A disposição permanente de negociar constitui, sim, uma habilidade do novo vendedor – ou seja, do consultor. Por mais tolo que isso pareça, muitos vendedores (muitos mesmo) só têm disposição de negociar enquanto ainda estão conquistando os clientes; depois de ganhá-los, acabam se esquecendo de negociar. Mais ou menos como um casal que está há muito tempo junto.

Assessorar

É fundamental que você garanta ao cliente que será seu representante dentro da empresa, em toda e qualquer circunstância. Os consultores acompanham, por exemplo, o processo de manufatura dos produtos e deixam seus clientes à vontade para lhe telefonar e perguntar como andam as coisas. E isso diz respeito a todos os processos que se relacionem com seus clientes, da cobrança à assistência técnica.

Gerenciar

Na verdade, os consultores não se limitam a acompanhar os processos em nome de seus clientes. Eles interferem nesses processos em defesa de seus clientes. Gerenciam esses processos para que sejam mais eficazes. Assim, ao sentirem que há a possibilidade de ocorrer atraso na entrega, por exemplo, eles devem encontrar um modo de evitá-lo, sem que o cliente precise lhe pedir para fazer isso.

Uma palavra-chave aqui é "gerenciar". Sabendo das necessidades de seus clientes, os consultores gerenciam os processos para que nada ameace sua satisfação.

Desenvolver relacionamento duradouro

Como falei anteriormente, pouca gente se dá conta de que um relacionamento duradouro depende muito das minúcias e das surpresas, positivas e negativas. Às vezes, a recusa em prestar um serviço adicional não influi tanto na qualidade do relacionamento, como um telefonema não retornado. Você lida com aquele cliente há anos. Mas, em uma determinada reunião, você lhe promete marcar um almoço para tratar de planos futuros... e some. Mesmo que isso não seja fatal, é certo que o relacionamento sairá "chamuscado".

Outro problema grave para os relacionamentos é a mentira. Parece óbvio? Saiba que uma pesquisa realizada pela revista *Sales&Marketing Management* e pela Equation Research, com 316 executivos de vendas e marketing dos EUA, revelou que 47% deles suspeitam que seus vendedores tenham mentido em visitas de vendas. Sua transparência com o cliente deve ser do tipo cristalino, nada menos.

Também essencial para nutrir um relacionamento de longo prazo é contribuir para que o cliente saia ganhando o mesmo que você. Repetindo o que escrevi no início do capítulo, toda relação de venda deve basear-se no espírito "ganha-ganha". Você e seu cliente dependem um do outro para ter sucesso nos negócios. Vocês precisam se ajudar para crescerem juntos.

Sei que tudo isso não é fácil – é como se eu lhe pedisse para disputar uma corrida de 100 metros pela manhã e uma prova de 3.000 metros à tarde, pois cada ação deve levar em conta os interesses de sua empresa no curto prazo e o relacionamento com o cliente no longo prazo. Mas sei que é tudo viável. O consultor de vendas pode ser, ao mesmo tempo, um fundista como Joaquim Cruz e um velocista como Robson Caetano, respectivamente medalha de ouro na Olimpíada de 1984 e medalha de prata na de 1988.

Detalhe elementar: não se esqueça de identificar todos os seus relacionamentos com seu cliente. Por exemplo, se seu cliente é uma loja, você precisa construir relacionamentos tanto com o proprietário – que vai decidir ou não a compra – como com o balconista – que vai expor bem seu produto, ou não. O segundo é freqüentemente esquecido.

Os novos papéis

Se o vendedor faz tudo isso, ele automaticamente se transforma em consultor, certo? Errado. Ele precisa também enxergar seus novos papéis e, assim, comportar-se de acordo com eles, mesmo quando não está na frente de um cliente.

Para mim, o vendedor-consultor deve ser, antes de tudo, o elo de comunicação entre a empresa e o mercado. É ele quem transmite ao mercado o que é e o que faz sua empresa; e é ele quem traz para a empresa as informações sobre o que dizem e desejam os clientes.

Historicamente, os vendedores levavam apenas produtos e serviços para o mercado e recebiam dinheiro. Hoje os consultores "levam" sua empresa para o mercado e "recebem" informações, que entregam para a empresa.

FAZEJAMENTO

Se você tem um exército de apoio em sua empresa, use táticas de Exército, como a valorização da marca forte e a consulta às informações organizadas no banco de dados.

Se é um profissional autônomo ou trabalha para uma empresa pequena, deve recorrer a táticas de guerrilha, que, nesse caso, são: "relacionamento, relacionamento, relacionamento".

Estabeleça como prioridade o desenvolvimento de todas as habilidades do consultor de vendas.

Concentre-se nos clientes mais valiosos. Aqueles que desperdiçam seu tempo ou lhe dão repetidos prejuízos absorvem o esforço que deveria estar voltado para clientes valiosos.

Por todas essas características de que tratamos neste capítulo, o vendedor que age como consultor de seus clientes é, na verdade, uma empresa dentro da empresa. Afinal, ele faz, em menor escala, tudo o que uma empresa deve fazer: de armazenar informações a gerenciar processos, de agregar valor a produtos ou serviços a construir relacionamentos. É fundamental conscientizar-se disso e, definitivamente, colocar uma pedra sobre a antiga e caricata imagem do vendedor.

9

Entendi. Mas isso basta?

Tenha PIQUE:

- Paixão
- Iniciativa
- Questionamento
- Urgência
- Entusiasmo

Um de meus filmes prediletos é *Perfume de Mulher*, com o ator Al Pacino em atuação inspirada. Lembro-me dele por achar que uma cena sua ilustra bem o que falamos até agora sobre a magia dos negociadores.

Se você se recorda do filme, deve estar intrigado. Afinal, ele não trata do mundo empresarial, não envolve a negociação de um grande contrato, não tem nenhuma cena de venda. Não o vejo bem assim. E, se o personagem de Pacino continua fresco em sua memória, deve estar mais intrigado ainda. Esse "herói" se parece mais com "bandido": é um militar arrogante e amoral que ficou cego brincando irresponsavelmente com uma granada, que humilha as pessoas à sua volta e, revoltado com seu destino, planeja o suicídio. Tampouco é apenas isso que vejo.

Frank Slade, o militar interpretado por Pacino, vai passar um fim de semana em grande estilo em Nova York com o jovem e inexperiente estudante Charlie Simms (o ator Chris O'Donnell), que ele contrata como acompanhante. Ao longo da viagem e sob influência um do outro, os dois se reinventam: Slade recupera o prazer de viver e, por sua vez, "vende" a Charlie uma nova vida, cheia de possibilidades, paixão e espírito de aventura. Slade se revela um grande "negociador".

A emblemática cena a que me referi mostra Slade/Pacino colocando em prática seu talento e técnica. Charlie e ele estão em um restaurante e o rapaz se interessa por uma linda moça sentada a uma mesa próxima. Slade resolve abordá-la em nome do outro. Puxa conversa, apresenta Charlie (absolutamente constrangido e tenso a essa altura), descobre que a moça está sozinha, que aguarda o namorado atrasado e que sempre quis dançar tango, mas nunca teve oportunidade de aprender – foi até desencorajada pelo namorado.

Então, Slade a surpreende, propondo-se a ensinar-lhe os passos do tango. Mas ele é cego, desconhecido e, antes, ela, que nunca tivera coragem de se arriscar na dança argentina, por que o faria agora? De repente, no entanto, tudo isso não importa. Uma conexão de confiança se estabelece e ela concede uma dança ao coronel cego. A orquestra toca *Por una cabeza*, um dos mais belos tangos de Gardel. A felicidade está estampada na fisionomia da jovem; o encantamento é visível no rosto de Charlie.

Entoam-se os acordes finais, os dois retornam para a mesa e o tal namorado chega, já apressado para ir embora. Ela lhe apresenta Slade e Charlie, conta que realizou seu sonho e o namorado a felicita quase com displicência. Antes de ir embora, ele faz menção de pagar pelo pouco consumido, mas Slade chama para si a responsabilidade. O namorado lhe agradece, sem entender a dimensão do gesto e, puxando a moça pela mão, dirige-se à porta de saída. A câmera, então, se fixa nela, que dá uma última olhada para Slade e Charlie, dividida entre o que leva consigo e o que deixa para trás.

Regra de Ouro nº 9

Você não precisa ser milongueiro para, assim como o personagem de Al Pacino, seguir a nossa nona regra de ouro: **Tenha PIQUE**.

Todos os grandes negociadores que conheço aplicam no dia-a-dia as oito regras de ouro de que falamos, consciente ou inconscientemente. Mas não é só isso: sempre achei que eles possuíam algo mais, como se fosse uma luz interior. Sempre intuí essa característica misteriosa, mas não sabia explicá-la. Só com o tempo fui capaz de decifrá-la. Descobri que esse "algo mais" não reside em habilidades ou técnicas, estratégias ou conhecimentos, como as regras abordadas nos capítulos anteriores. Os grandes negociadores que conheço têm PIQUE.

Essa é uma palavra muito utilizada e, talvez por isso, tenha ganhado os sentidos mais diversos, moldando-se convenientemente aos caprichos e intenções de quem a usa. "Estou sem pique", dizem alguns; "Vou dar um pique e terminar o trabalho", comentam outros; "Não tenho pique para esse filme", justificam terceiros.

Bem, para mim, no contexto deste livro, PIQUE significa o seguinte:

- **P**AIXÃO - Pela negociação, pelo produto, pelo negócio. No caso de Frank Slade (o personagem de Al Pacino), por abrir as portas da vida para Charlie.
- **I**NICIATIVA - Aquela que leva a novos produtos e novas abordagens. Ou que levou Slade a abordar a jovem no restaurante e a pagar a conta.

AUTO-AVALIAÇÃO

Você gosta do que faz? Seja sincero: até que ponto? Se pudesse, estaria fazendo outra coisa?

Você dita o rumo de sua carreira ou se deixa levar?

Você acha que está sempre certo? O que as pessoas com as quais você convive no trabalho diriam sobre isso, se fossem consultadas?

Você deixa as coisas para amanhã ou as resolve hoje?

Você sente que "contamina" as pessoas com suas idéias?

- **Q**UESTIONAMENTO – Leia-se "senso crítico". Slade sabia que era capaz de dançar tango mesmo sendo cego e detectou uma ponta de desapontamento na informação da moça sobre seu namorado.
- **U**RGÊNCIA - Ou: não deixe para amanhã o que pode fazer hoje. Slade sabia que era necessário falar com a jovem imediatamente, enquanto ela ainda estava sozinha.
- **E**NTUSIASMO - Na verdade, a capacidade de despertá-lo em outras pessoas. Slade entusiasma a moça para que dance com ele e entusiasma Charlie sobre ser mais "atirado".

Vamos desenvolver esses itens um por um?

Paixão

Esse sentimento vem antes de todos. Não basta gostar de seu trabalho; é necessário sentir paixão pelo que faz. Não à toa, as correntes mais avançadas de orientação vocacional rejeitam métodos de escolha de profissão que recomendam carreiras com base nos pontos fortes de cada um. Pela metodologia mais moderna, a carreira deve ser escolhida pelo critério do prazer.

No nosso caso, você precisa sentir PAIXÃO pelo processo de negociação, pelo ato da venda. Aos grandes negociadores não interessa somente o que ganharão com o resultado (a comissão, o reconhecimento etc.), mas todos os passos intermediários, o relacionamento que pode surgir, a satisfação da outra parte etc.

É como no futebol. Os grandes jogadores, os craques autênticos não pisam em campo apenas pelo "bicho" e pelo *status* (diante da mídia e de outros treinadores) que uma boa exibição lhes trará; eles entram em campo porque são apaixonados por "jogar bola".

Iniciativa

Se, como diz o ditado, todas as estradas levam a Roma, para quem não tem INICIATIVA todas as estradas são sem saída. Ou seja, em se tratando de negociação, a pessoa tem de ser suficientemente ágil para propor novas soluções e pacotes de benefícios aos clientes, antes que eles peçam isso.

Questionamento

Questione-se sempre. Tudo bem, as coisas estão dando certo, você tem sucesso e sua forma de trabalhar funciona. Mas, mesmo assim, é importante ter senso crítico em relação a si mesmo. Questionar-se é o passo número um para adaptar-se às mudanças a tempo, enquanto o bonde ainda está andando e também é a ponte para o desenvolvimento pessoal.

A TEORIA, NA PRÁTICA, FUNCIONA

Meu amigo José Salibi Neto diz que sou um polvo, com cada tentáculo ocupado em uma atividade distinta. Muitas vezes, faço uma reunião enquanto digito e-mails, atendo ao telefone sem parar de assinar papéis. Há quem acredite que isso seja PIQUE, mas é apenas POLVO. Agitação da pior qualidade.

Meu PIQUE se evidencia de outra maneira. Em acordar cedo e feliz, preparar aulas e palestras com dedicação, ter prazer em ir para a HSM. Minha equipe, eu prezo e defendo: tenho o hábito de perguntar para aprender e, quando meus funcionários respondem, aprendemos juntos. Meus clientes, então, são o item primeiro da agenda. E, em todos esses momentos, o que me move é o desejo de despertar a criatividade das pessoas, seu interesse pelos negócios e (se me permitem) pela vida.

PAIXÃO, INICIATIVA, QUESTIONAMENTO, URGÊNCIA, ENTUSIASMO. Deu para identificar onde está meu PIQUE?

Urgência

Grandes negociadores têm um uma espécie de "frio na barriga" permanente, uma "eletricidade" permanente, para não ceder ao comodismo. Muita gente associa esse frio a sentimentos ruins, como ansiedade e medo, e esquece que ele também pode ser bom quando significa "adrenalina". Esse bom sentido do frio na barriga ou da eletricidade é, pois, o sentido de URGÊNCIA.

Há um teste muito simples. Estamos no final da tarde de sexta-feira, chove sem parar há uma hora, foram verificados 120 quilômetros de congestionamento nas ruas da cidade e a empresa de seu cliente fica em um lugar bem distante de onde você se encontra. Se você vai para lá assim mesmo, tem o sentido de URGÊNCIA. Se desiste de ir ou adia a reunião, não tem.

FAZEJAMENTO

Sem paixão, não há solução. Como passamos pelo menos um terço de nossas vidas trabalhando, abandone imediatamente aquilo que não lhe dá prazer, sejam tarefas menores ou até um emprego.

Qualquer que seja a sua descoberta, tome, agora mesmo, uma iniciativa em direção a ela.

Faça perguntas a si mesmo, a todos, sobre tudo e o tempo todo. Dedique-se a conhecer melhor as pessoas e as coisas com que trabalha.

Se você já tem paixão pelo que faz, deixe-se envolver totalmente por isso. Isso significa, por exemplo, não adiar o que pode ser antecipado.

Motive as pessoas, interesse-se por elas, desperte o deus que se esconde ali. Sem pieguice ou inconveniência.

Entusiasmo

Um "vírus" contagioso. Assim é o ENTUSIASMO para os grandes negociadores. Eles sentem tanto ENTUSIASMO sobre suas idéias que contaminam seus interlocutores com o mesmo vírus e os convencem de que estão certos.

Você adquire ENTUSIASMO quando tem convicção pessoal e encantamento sincero com o produto e a negociação em questão. Seu cliente adquire ENTUSIASMO quando percebe o seu ENTUSIASMO. (No meio disso, é claro, você precisa executar um planejamento de venda tecnicamente irrepreensível, como apenas um bom consultor de seu cliente seria capaz de fazer.)

Observação: ENTUSIASMO não se finge.

10

Esta é a fórmula da felicidade?

Não se esqueça de ser feliz:

- o sucesso e a felicidade nos planos filosófico, espiritual e psicológico

Diga-me... por que é mesmo que você está lendo meu livro?

Tomo a liberdade de repetir a pergunta do primeiro capítulo para convidá-lo a uma nova reflexão. Falamos da importância de estar sempre afiando os machados, em busca do aperfeiçoamento pessoal e profissional. Tratamos da necessidade de se abrir às mudanças, aprender a aprender, respeitar diferenças, reconhecer o perfil de comportamento do cliente, ser o seu consultor. Tudo isso, imaginamos, com um único objetivo: obter sucesso na vida profissional.

Mas será esse o verdadeiro objetivo? E, portanto, será a razão de ler esse livro? Ou a busca do sucesso serve a um objetivo maior, o de ser feliz? E, se for assim, como as duas idéias – sucesso e felicidade – estão relacionadas?

Regra de Ouro nº 10

Eis nossa décima regra de ouro, direta e objetiva: **Não se esqueça de ser feliz**.

A felicidade talvez seja o principal objeto de desejo do ser humano sobre a face da Terra. Todo mundo diz que quer ser feliz e, desde o início dos tempos, o tema motiva estudos nas mais diferentes áreas do conhecimento. A mim sempre pareceu que o que se convencionou chamar de "felicidade" é "sucesso". Felicidade é coisa bem distinta. Estou convicto de que a maioria das pessoas mira na felicidade, mas busca o sucesso.

Veja como o conceito "felicidade" aparece em alguns textos sobre filosofia, espiritualidade (ou religião) e psicologia. Ninguém menciona a palavra "sucesso", mas ela está lá, como um fantasma.

Felicidade, sucesso e filosofia

O economista brasileiro Eduardo Giannetti se debruçou sobre o assunto do ponto de vista filosófico e registrou suas descobertas no livro *Felicidade*. Assim Giannetti definiu o conceito:

> "O que se entende por felicidade? Quando alguém se declara feliz, diversas coisas podem estar acontecendo: a) posso estar feliz porque algo em particular aconteceu (meu time ganhou a Copa, consegui um emprego, foi descoberta a cura do câncer etc.) e isso me deixa mais satisfeito do que estava antes, ou seja, isso me traz felicidade; b) posso estar me sentindo feliz agora, quero dizer, durante um determinado intervalo de tempo, e isso independentemente de ter ou não motivos conscientes e definidos para a sensação de contentamento e bem-estar que me alegra o coração; e c) posso dizer que sou feliz porque, ao avaliar minha vida no seu conjunto, sinto que, no geral, posso me dizer satisfeito com ela – com as oportunidades que recebi e as escolhas que fiz, com as experiências que tive e com a trajetória de minha existência até aqui. Neste último caso, a felicidade não é apenas uma sensação local (estar feliz), mas inclui um componente reflexivo, ou seja, ela é um sentimento calcado em uma avaliação global de minha vida (ser feliz)."

Em outras palavras, a felicidade sempre passa por se gostar, curtir, amar, estar satisfeito com o que se tem, especialmente no terceiro sentido, de "grau de satisfação global com a vida que se tem – o ser feliz mais do que estar feliz".

Agora leia, em citação do mesmo livro de Giannetti, o que pensavam os filósofos estóicos do século 3 a.C.:

> "Todo sofrimento humano, não importa qual seja, resulta de uma incongruência entre nossas vontades e desejos, de um lado, e o curso dos acontecimentos que nos afetam, de outro. Como lidar com a discrepância entre aspirações e realidade?"

Atrevo-me a interpretar "nossas vontades e desejos", "aspirações", como "sucesso". Aquilo que não se tem e se deseja se chama "sucesso". Por incrível que pareça, uma famosa frase de pára-choque de caminhão ilustra bem a dicotomia felicidade/sucesso: "Não tenho tudo que amo; mas amo tudo que tenho". Traduzindo, "não tenho todo o sucesso, mas sou feliz". É claro que a "filosofia de pára-choque" nos dá a impressão de que o conflito tem solução fácil, mas ela sintetiza muito bem os conceitos.

Sem algum grau de sucesso, a felicidade parece de fato incompleta. E é isso, muitas vezes, que move os profissionais a ir mais longe. Mas deve-se ter em mente que o sucesso, por si só, não garante a felicidade. Pode até trazer episódios de felicidade localizada, mas não assegura a felicidade global. E mais: o sucesso pode representar até um obstáculo para a felicidade global, na medida em que a ânsia por mais e mais sucesso impede que se aproveite o que se tem no presente.

AUTO-AVALIAÇÃO

Você se considera feliz? Por quê?

O que significa "ser feliz" para você?

O sucesso deve ser "a qualquer preço", na sua opinião?

Você partilha seu sucesso com as pessoas mais importantes da sua vida?

Qual é a solução possível para o conflito? Os filósofos estóicos propuseram uma, assim descrita por Giannetti:

> "Há dois modos básicos de reduzir ou anular essa incongruência. Um deles é adaptando e moldando nossos desejos ao curso dos acontecimentos; o outro é transformando as circunstâncias com que deparamos de modo a que atendam aos nossos desejos".

Os estóicos foram grandes entusiastas do primeiro caminho.

Felicidade, sucesso e espiritualidade

O budismo faz eco ao estoicismo. Robert Thurman, professor da Columbia University, de Nova York, considerado um dos maiores conhecedores do budismo tibetano nos EUA, escreveu o livro *Revolução Interior*. Reproduzo aqui um trecho que se relaciona com o que estamos discutindo:

> "Nos Estados Unidos, vivemos no primeiro país do mundo a garantir em documentos o direito (...) à busca da felicidade. Ainda assim somos infelizes. Culpamos as circunstâncias por nosso mal-estar – nossos empregos, nossas famílias – ou vemos tudo em torno de nós como a fonte de nossa infelicidade. Mas a questão se coloca: acharemos nós, algum dia, a felicidade nesse quadro de referência? Uma boa refeição deixa-nos estufados e desconfortáveis. O apego a um cônjuge deixa-nos preocupados com a perspectiva de um dia ficarmos sozinhos. A busca da boa saúde conduz-nos somente à inevitabilidade da morte. Caçamos sombras, mas as enxergamos como reais, como verdadeiras chaves para a nossa felicidade. (...)

Quero ser feliz, é claro, e quero esforçar-me para satisfazer esse desejo. Mas será que consigo ser feliz apenas querendo ser feliz? Isso ainda não aconteceu. Atuar sob influência da obsessão de querer ser feliz nunca levou ninguém a lugar algum. Talvez o modo como encaro essa questão esteja distorcido".

A solução passa, de acordo com Thurman, pelo autoconhecimento, a "revolução interior" que intitula seu trabalho:

"O desafio que se configura diante de nós consiste em descobrir uma maneira de integrar as modernidades exterior e interior com a finalidade de criar um estilo de vida equilibrado, saudável, confortável e voltado para a iluminação, e que seja viável em uma escala global e no século 21".

A meu ver, também o budismo distingue entre sucesso (o desejo, a obsessão de querer ser feliz) e felicidade (o autoconhecimento), não acha?

Felicidade, sucesso e psicologia

Na psicologia também encontramos apoio à distinção entre felicidade e sucesso. Em primeiro lugar, psicólogos de variadas correntes contestam que a felicidade seja algo que vem de fora, com a conquista do que ainda não possuímos. Como comenta o psicólogo norte-americano Martin E.P. Seligman, professor da Pennsylvania University e autor do livro *Learned Optimism* (Otimismo Aprendido), as pessoas têm o péssimo costume de valorizar suas fraquezas (aquilo que não possuem) em detrimento das forças (o que efetivamente têm).

Segundo David Myers, psicólogo norte-americano que é autor de *The Pursuit of Happiness*, a felicidade duradoura certamente não decorre de ser rico e famoso – dois parâmetros de sucesso –, e alguns levantamentos já comprovaram isso. O Norc, instituto de pesquisas de Chicago que mede a felicidade dos cidadãos dos Estados Unidos desde 1957, mostra que hoje 30% dos americanos se descrevem como "muito felizes", contra 35% em 1957 – isso apesar de os americanos atuais terem o dobro do dinheiro (em termos reais) daqueles dos anos 50.

E o psicólogo suíço Carl Jung, cuja obra já citei, chegou a afirmar que a felicidade é fruto de:

- Satisfação com o trabalho.
- Padrão de vida razoável.

A TEORIA, NA PRÁTICA, FUNCIONA

Estou sempre buscando o sucesso. Tanto que vibro com cada pequeno aumento de lucros e vendas da nossa empresa. Adoro que minhas palestras recebam notas elevadas do público ou que comprem meu livro. Santista roxo, fico todo "prosa" se os amigos notam o autógrafo de Pelé pendurado na parede lá de casa.

Mas dou a coisas assim o peso devido. Na dedicatória do meu primeiro livro, não mencionei o "Peixe", por exemplo. Em vez disso, escrevi: "A Marisa, Thiago e Júnior, por serem a minha mais verdadeira e importante história". Ela é minha esposa; eles, meus dois filhos; e, no teste que proponho no quadro a seguir, certamente ocupariam os primeiros lugares.

Do mesmo modo, eu não eliminaria a saúde dos quadrantes, principalmente depois do susto pelo qual passei no final de 1999, quando temi que meus dias na Terra estivessem contados. Ou seja, eu sei que sou feliz e sei por quê.

- Boa saúde.
- Apreço pela arte e pela natureza.
- Bons relacionamentos pessoais e íntimos, como no casamento, na família e com os amigos.

Essa definição, impressionantemente específica, foi publicada em uma entrevista de Jung ao jornal inglês *Sunday Times* em 1960, um ano antes da morte do mestre. Ele parecia já estar bem seguro da diferença entre felicidade e todo o resto...

Encerro meus argumentos citando uma pesquisa realizada pela faculdade de Medicina de Harvard com pessoas que ultrapassaram a barreira dos cem anos de idade – e sen-

FAZEJAMENTO

Para finalizar, gostaria de lhe propor um exercício. Trata-se de uma reflexão de ordem pessoal.

Sinta-se totalmente à vontade para fazê-lo ou não.

Pegue um pedaço de papel e o divida com o lápis em seis partes iguais. Nos retângulos, escreva as seis coisas ou pessoas que você mais ama, que são o que de mais importante você tem na vida.

Na vida, Deus nos dá e nos tira o que temos de mais precioso sem aviso prévio. Mas imagine por um instante que Ele lhe confira essa prerrogativa: você deve "eliminar" um dos seis itens; a escolha deve ser sua. Bem, não fosse suficiente, agora você tem de escolher para sair de sua lista mais duas coisas ou pessoas.

Você ficou com apenas três coisas ou pessoas nos seus retângulos, certo? Pois bem, você está olhando para as três coisas ou pessoas que mais ama na vida, segundo você mesmo, e que vêm acima de quaisquer outras coisas.

Saiba, portanto, que você pode ser feliz hoje, agora. Basta curtir, amar de verdade, aproveitar... o que você já tem.

tindo-se bem. Havia um traço comum entre elas: não se deixavam abater por sentimentos negativos como raiva, culpa e tristeza. Pergunto: de onde vêm tais sentimentos? Freqüentemente têm origem na frustração por desejos não-realizados. Surgem da ausência de felicidade.

Continue buscando sucesso à vontade, mas não deixe que isso atrapalhe a felicidade existente, sob pena de, no futuro, lamentar-se com sentenças do tipo "Eu era feliz e não sabia". Diga já: "Eu sou feliz, e eu sei!"

Para não perder o hábito, quero encerrar o último capítulo recorrendo a outro filme, *Sociedade dos Poetas Mortos*, em que um professor transforma a vida dos alunos de um rígido colégio interno. Na pele do professor, Robin Williams consegue essa proeza pregando o conceito *carpe diem*, expressão latina que significa algo como "aproveite o dia de hoje", "seja feliz hoje". Foi para isso que você leu o livro, oras!

Posfácio à nova edição

Eu afirmei para vocês, páginas atrás, que já aprendi a aprender sempre. Não? Agora vou provar. Desde o lançamento deste livro, em 2003, tenho feito muitas palestras, workshops e aulas sobre negociação e encontrado platéias interessadas principalmente em vendas.

Por que vendas é o foco? Porque o custo de aquisição – ou positivação – de clientes tem subido terrivelmente nas empresas brasileiras. Sobe mais que as despesas com tecnologia ou pesquisa e desenvolvimento. É triste dizer, mas muitos executivos dormem e acordam pensando nisso. Com a concorrência acirrada, não é incomum precisar fazer cinco visitas a um *prospect* até fechar negócio. Quer dois exemplos banais de quanto pesam essas cinco visitas? Se você é vendedor na cidade de São Paulo, cinco visitas representam, em média, R$ 50 de estacionamento – sem falar na gasolina. Se você é vendedor no interior paulista, cinco visitas representam, em média, R$ 100 de pedágio – sem falar na gasolina.

O problema não acaba aí. Para complicar, são raros os produtos ou serviços que dão lucro na primeira venda. Tive acesso a um cálculo do Serviço Brasileiro de Apoio à Pequena e Média Empresa (Sebrae) segundo o qual qualquer loja de varejo situada em local não-turístico necessitava 18 meses de capital de giro para sobreviver. Esse é o tempo que leva para um cliente ficar assíduo, tornando-se freguês.

Sim! Poucos acreditarão no que vou contar agora. O leitor sabia que, se abrir um supermercado na esquina de sua casa e você fizer uma compra de R$ 50 (que é o dobro do ticket médio), você ainda estará dando prejuízo ao dono do supermercado? A conta supermercadista é a seguinte: gastos de marketing para aquisição de novos clientes divididos pelas receitas geradas por estes. E a conta não fecha; o resultado é menor que zero.

Então, por que os supermercados não mantêm apenas os fregueses e esquecem os novos clientes? Porque, se estes gostarem do estacionamento, da iluminação, do mix de produtos, da higiene da loja e, finalmente, do sorriso do caixa, voltarão mais uma vez, outra, uma terceira, uma quarta. Este é o pulo do gato: os novos clientes vão tornar-se fregueses um dia. Sem querer fazer rima, o cliente vira freguês quando volta pela terceira vez. E, se gasta apenas R$ 50 em uma semana, gastará R$ 2.400 em um ano e R$ 24.000 em uma década – isso se não houver nenhuma correção de preços.

Embora esteja fora de moda, adoro essa palavra "freguês". Meu pai, dono de botequim, a usava para designar o "cliente fidelizado" do dicionário da administração, aquele que repete a compra. Meu pai dizia que queria fregueses em vez de clientes – isso nos anos 60, 70. Mais ou menos na mesma época, Sam Walton, fundador do Wal-Mart, dizia mais ou menos a mesma coisa: "Para que o vendedor e a empresa consigam ganhar dinheiro, eles têm de ganhar o cliente". Ele até inventou uma expressão que virou conceito mais tarde: "*customer life-time value*", ou valor vitalício do cliente. É que o Sam Walton não encontrou na língua inglesa uma palavra tão boa quanto "freguês", senão ele diria simplesmente "valor do freguês".

E o que tudo isso tem a ver com negociação? Tudo. Foi o que aprendi ao longo desses dois anos. Devemos negociar sempre com o objetivo de transformar os clientes em fregueses. Relações de longo prazo minimizam o custo da tal positivação. Na negociação entre o supermercado e os novos clientes, o sorriso do caixa pode ter sido o argumento final que os transformou em fregueses.

E isso não se aplica apenas a quem compra um produto ou serviço da nossa empresa. O cliente, aqui, tem sentido amplo: pode ser o meu parceiro em uma *joint venture*, o meu chefe, o meu filho. É todo e qualquer interlocutor em uma negociação.

Essa busca do cliente fidelizado já está, de certa maneira, compreendida neste livro, principalmente quando eu falo em conhecer melhor o cliente e em tornar-se seu consultor. Mas aprendi, em grande parte com a reação das minhas platéias, a entender melhor a magia de negociar, pelo filtro do que chamei de "Regras de Diamante da Negociação". Vejamos:

Regra de Diamante nº 1

Quem domina uma negociação é quem pergunta.

Regra de Diamante nº 2

Em uma negociação, tem poder quem tem credibilidade.

Regra de Diamante nº 3

Carinho antes é interesse; carinho depois é amor.

Minha sensação, ao encerrar uma aula apresentando essas regras, talvez só possa ser transmitida pela gíria: parece que finalmente "caiu a ficha" dos alunos. Nada mais são que correções de erros primários cometidos pelos vendedores e negociadores em geral. Primeiro erro: os vendedores falam demais. Falam sobre o produto, o concorrente, o tempo, o jogo de futebol. Não importa. Ao falar como metralhadora, eles não conseguem identificar nem o perfil de seu cliente nem seus desejos e necessidades. E, assim, jamais vão fazer o cliente virar freguês.

Eu gosto de citar o livro *O Corpo Fala*, segundo o qual nossa anatomia ensina como devemos nos comportar. Temos dois ouvidos e uma boca; portanto, devemos ouvir mais e falar menos. Ouvir duas vezes mais, na verdade. Falar, só para fazer boas perguntas. Porque é com as boas perguntas que vêm as boas respostas, que lhe permitirão formular a melhor solução para seu cliente.

Segundo erro: os vendedores perdem sua credibilidade fácil, fácil. Seja prometendo o que não poderão cumprir, seja entregando aquém do encomendado, seja não respondendo prontamente a um telefonema ou e-mail do cliente. Aliás, eu enfatizaria a última causa. A credibilidade geralmente é perdida em detalhes assim. Outras dificuldades podem até ser justificadas – a máquina quebrou, o pessoal entrou em greve, faltou matéria-prima. Mas nada me convence de que meu fornecedor não podia levar cinco minutos no computador para responder à minha mensagem.

E por que eu digo que tem poder quem tem credibilidade? Simples. Toda negociação começa simétrica. Pelo menos na teoria, ambas as partes possuem o direito de dizer sim ou não. Para chegar a cabo, no entanto, mesmo dentro do espírito ganha-ganha, a negociação requer assimetria em algum momento. A balança deve, obrigatoriamente, pender para uma das partes. Se seu cliente confia em você, a balança pende para o seu lado. Você nunca viu isso acontecer? Eu vejo, a toda hora. Vou comprar um carro – não é meu *métier* –

e fico dividido entre dois modelos. O vendedor observa que um é mais vantajoso que o outro por ter maior valor de revenda e a minha cor preferida disponível para pronta entrega. Se confio no vendedor, realizo a compra.

E qual é o terceiro erro? Ah! É o pior dos erros e, quiçá, o mais comum deles. O leitor se lembra de algum vendedor ou empresa que o tratou como rei antes de fazer uma compra e, depois do dinheiro embolsado, rebaixou-o praticamente a vassalo, guardando o melhor de si para os novos clientes? Eu me lembro de vários, nem cabem nos dedos das minhas mãos. Eles não sabiam, pobrezinhos, que a relação de longo prazo é o pulo do gato.

Em suma, essas são as três Regras de Diamante da Negociação. Quem domina uma negociação é quem pergunta. Tem poder quem tem credibilidade. Carinho antes é interesse; carinho depois é amor. Use-as como complemento às nossas dez Regras de Ouro e descubra o fascinante mundo dos fregueses.

Em tempo: no jargão esportivo, vira freguês o time que perde sempre para o outro time. Mas essa é uma conotação absolutamente injusta. O freguês é o campeão aos olhos de quem negocia.

Bibliografia e filmografia

Bibliografia

ADIZES, Ichak. *Os Ciclos de Vida das Organizações*. São Paulo, Pioneira, 1998.

____________. *Gerenciando as Mudanças.* São Paulo, Pioneira, 1998.

BLACKWELL, Roger D.; ENGEL, James F.; e MINIARD, Paul. *Consumer Behavior.* IE-Dryden II, 2000.

BRIGGS-MYERS, Isabel e MYERS, Peter. *Ser Humano É Ser Diferente*. São Paulo, Infinito, 1997.

COVEY, Stephen R. Os *7 Hábitos das Pessoas Altamente Eficazes*. 5 ed., São Paulo, Best Seller, 2000.

DRUCKER, Peter. *O Gerente Eficaz*. LTC, 1967.

GIANNETTI, Eduardo. *Felicidade*. São Paulo, Cia. das Letras, 2002.

HALL, Calvin S. e NORDBY, Vernon J. *Introdução à Psicologia Junguiana*. 5 ed., São Paulo, Cultrix, 2000.

HERGENHAHN, B. R., *An Introduction To Theories of Personality*. Prentice-Hall, New Jersey, 1990.

KEIRSEY, David. *Portraits of Temperament*, David Keirsey. Prometheus Nemesis Book Company, 1987.

JÚLIO, Carlos Alberto. *Reinventando Você*. Rio de Janeiro, Campus, 2002.

JUNG, Carl Gustav. *Tipos Psicológicos* (volume 6 das obras completas), LTC, 1981.

LONGINOTTI-BUITONI, Gian Luigi. *Vendendo Sonhos – Como Deixar Qualquer Produto Irresistível*. São Paulo, Negócio Editora, 2000.

MASLOW, Abraham H. *Maslow no Gerenciamento*. Rio de Janeiro, Qualitymark, 2000.

MYERS, David G. *Pursuit of Happiness*. Avon Books, 1993.

PETERS, Tom. *A Busca do Uau!* São Paulo, Harbra, 1997.

POPCORN, Faith e MARIGOLD, Lys. *Click*. Rio de Janeiro, Campus, 1997.

SENGE, Peter. *A Quinta Disciplina – Arte e Prática da Organização que Aprende*. 9 ed., São Paulo, Best Seller, 2001.

____________. *As Cinco Disciplinas*. HSM Management, nº 9, ano 2, julho-agosto de 1998.

____________. *Além da Quinta Disciplina*. HSM Management, nº 19, ano 4, março-abril de 2000.

SCHMITT, Bernd. *Marketing Experimental*. São Paulo, Nobel, 2001.

SELIGMAN, Martin E.P. *Learned Optimism*. Pocket Books, 1998.

SHAPIRO, Ben. *Velocidade para Fechar a Venda*. HSM Management, nº 28, ano 5, setembro-outubro de 2001.

THURMAN, Robert. *Revolução Interior – Vida, Liberdade e Busca da Felicidade*. Rio de Janeiro, Fisus Editora, 2000.

TOMPAKOW, Roland e WEIL, Pierre. *O Corpo Fala*. Vozes, Petrópolis, 1986.

Reportagens

Pessoas, Sonhos e Experiências = Marketing. HSM Management, nº 30, ano 5, janeiro-fevereiro de 2002.

Tolerância Zero para as Mentiras de Vendedor. HSM Management, nº 35, ano 6, novembro-dezembro de 2002.

Filmografia

A Costela de Adão (Adam's Rib), EUA, 1949, direção de George Cukor.

Jornada nas Estrelas (Star Trek: The Original Series), EUA, 1966, direção de Gene Rodenberry.

Guerra nas Estrelas (Star Wars), EUA, 1977, direção de George Lucas.

Harry Potter e a Pedra Filosofal (Harry Potter and the Sorcerer Stone), EUA, 2001, direção de Chris Columbus.

Perfume de Mulher (Scent of a Woman), EUA, 1992, direção de Martin Brest.

Sociedade dos Poetas Mortos (Dead Poets Society), EUA, 1989, direção de Peter Weir.

Este livro foi impresso nas oficinas gráficas da Editora Vozes Ltda.,
Rua Frei Luís, 100 – Petrópolis, RJ,
com papel fornecido pelo editor.